Brandenburg/Kollecker/Rütenik
Medizinprodukterecht

Medizinprodukterecht

Medizinproduktegesetz
mit umfassender Einleitung
und Auszügen aus benachbarten
Rechtsvorschriften

von

Dr. Stephan Brandenburg
Sandra Kollecker
Caroline Rütenik

2., völlig neu bearbeitete Auflage

Economica Verlag

Bibliografische Information Der Deutschen Bibliothek

Die Deutsche Bibliothek verzeichnet diese Publikation
in der Deutschen Nationalbibliografie; detaillierte bibliografische Daten
sind im Internet über ⟨http://dnb.ddb.de⟩ abrufbar.

ISBN 3-87081-239-7

Alle Rechte vorbehalten, auch die des auszugsweisen Nachdrucks, der fotomechanischen Wiedergabe und der Übersetzung.

© 2003 Economica Verlag, Hüthig GmbH & Co. KG, Heidelberg

Satz: Janß, Pfungstadt
Druck: Himmer, Augsburg

Printed in Germany

Vorwort

Das Medizinproduktegesetz hat seit seinem Inkrafttreten 1995 aufgrund des ersten und zweiten Gesetzes über die Änderung des Medizinproduktegesetzes grundlegende Veränderungen erfahren, die eine Neuauflage dieses Buches erforderlich gemacht haben.

Das 1. Änderungsgesetz vom 06. August 1998 brachte unter anderem die Klarstellung einiger Aussagen und die sogenannte Abverkaufsregelung für Medizingeräteverordnungs-Produkte, die bis zum 30. Juni 2001 galt.

Die erste grundlegende Veränderung erfuhr das Medizinproduktegesetz jedoch durch das 2. Änderungsgesetz vom 01. Januar 2002. Die Änderungen betreffen sowohl den Inhalt des Gesetzes als auch seinen strukturellen Aufbau. Anlass war die Umsetzung der EG-Richtlinie über In-vitro-Diagnostika in nationales Recht. Daneben prägten noch andere Überlegungen die inhaltliche und formale Ausgestaltung des Medizinproduktegesetzes. Zum einen sollten einige Probleme im Vollzug, die nach den ersten Erfahrungen der Beteiligten mit dem Gesetz hervortraten, durch Klarstellungen und Ergänzungen beseitigt werden. Hier sei vor allem die Werbung für Medizinprodukte und die Aufbereitung von Medizinprodukten genannt. Zum anderen wurde das Gesetz hinsichtlich des Programms der Bundesregierung „Moderner Staat – Moderne Verwaltung" auf seine Wirksamkeit, Akzeptanz, Transparenz und Effizienz hin überprüft. Im Ergebnis wurden die Bund-Länder-Zuständigkeiten neu geregelt und zugunsten der Transparenz ist auf die in der Vergangenheit oft kritisierten Verweisungen (Gesetz auf Verordnung, Verordnung auf Anhänge der Richtlinie) weitestgehend verzichtet worden.

Diese Änderungen führten in ihrer Gesamtheit dazu, dass die Vorschriften zum Teil geändert oder gestrichen und aus Gründen der Systematik neu geordnet und nummeriert worden sind.

Darüber hinaus sind seit Inkrafttreten des Medizinproduktegesetzes zahlreiche ausführende Verordnungen erlassen worden, von denen an dieser Stelle nur die Verordnung über das Errichten, Betreiben und Anwenden von Medizinprodukten (Medizinprodukte-Betreiber-Verordnung) genannt sei.

Hamburg, *Dr. Stephan Brandenburg*
im Juli 2003 *Assessorinnen Sandra Nadolski und Caroline Rütenik*

Inhaltsverzeichnis

Vorwort		V
Abkürzungsverzeichnis		XI
Literatur		XIII
Internetlinks		XIV
1	**Einführung**	**1**
1.1	Zielsetzung	1
1.2	Entwicklung	3
1.2.1	Rechtslage vor dem Medizinproduktegesetz	3
1.2.2	Interimsregelung	4
1.2.3	Grundsätze des Medizinprodukterechts	4
1.3	Verhältnis zu anderen Vorschriften	6
2	**Geltungsbereich des Medizinproduktegesetzes**	**9**
2.1	Sachlicher Geltungsbereich	10
2.1.1	Medizinproduktebegriff	10
2.1.2	Sonstige Medizinprodukte	12
2.2	Tätigkeitsbezogener Geltungsbereich	13
2.3	Räumlicher Geltungsbereich	16
3	**Verkehrsfähigkeit im europäischen Wirtschaftsraum**	**16**
3.1	Konformitätsbewertungsverfahren	17
3.2	CE-Kennzeichnung	21
3.3	Verbote zum Schutz von Patienten, Anwendern und Dritten	22
4	**Klinische Prüfung**	**23**
4.1	Allgemeine Voraussetzungen	24

4.2	Besondere Voraussetzungen	25
4.3	Durchführung der klinischen Prüfung	26
4.4	Ethikkommission	26
4.5	Leistungsbewertungsprüfung bei In-vitro-Diagnostika	27

5 Verordnung über das Errichten, Betreiben und Anwenden von Medizinprodukten — 28

5.1	Anwendungsbereich	28
5.2	Allgemeine Anforderungen	29
5.3	Betreiberpflichten	31
5.3.1	Allgemeine Pflichten	31
5.3.2	Instandhaltung	31
5.3.3	Weitergehende Pflichten	32
5.3.4	Dokumentationspflichten	34
5.4	Anwenderpflichten	35
5.5	Übergangsbestimmungen und Sondervorschriften	36
5.6	Weitere Verordnungen	36

6 Beobachtung der im Verkehr befindlichen Medizinprodukte und Abwehr von Risiken — 37

6.1	Anzeigepflicht	37
6.2	Überwachung	39
6.3	Sicherheitsbeauftragter für Medizinprodukte gemäß § 30 MPG	40
6.4	Medizinprodukteberater gemäß § 31 MPG	41

7 Straf- und Bußgeldvorschriften — 42

Anhänge

Anhang I:	Medizinproduktegesetz (MPG)	45
Anhang II:	Benannte Stellen in Deutschland	80
Anhang III:	Zuständigkeiten der Länder	81
Anhang IV:	Abgrenzung zu Medizinprodukten	85
Anhang V:	Sonstige bundesrechtliche Vorschriften	88
Anhang V/1:	Medizinprodukte-Betreiberverordnung	88
Anhang V/2:	Medizinprodukte-Verordnung	103

Anhang V/3: Verordnung über die Verschreibungspflicht von
               Medizinprodukten   108
Anhang V/4: Verordnung über Vertriebswege für Medizin-
               produkte   111
Anhang V/5: Anforderungen an die Hygiene bei der
               Aufbereitung von Medizinprodukten   113

Stichwortverzeichnis   137
Autoren   141

Abkürzungsverzeichnis

a. a. O.	am angegebenen Ort
ABl. EG	Amtsblatt der Europäischen Gemeinschaft
Abs.	Absatz
a. F.	alte Fassung
AMG	Arzneimittelgesetz
ÄndG	Änderungsgesetz zum Medizinproduktegesetz
BAnz.	Bundesanzeiger
BGBl.	Bundesgesetzblatt
BGV	Berufsgenossenschaftliche Vorschrift
DIMDI	Deutsches Institut für medizinische Dokumentation und Information
EWG	Europäische Wirtschaftsgemeinschaft
EWR	Europäischer Wirtschaftsraum
ff.	Fortfolgende
GefStoffV	Gefahrstoffverordnung
HWG	Gesetz über die Werbung auf dem Gebiet des Heilwesens
i. S. d.	im Sinne des
i. S. v.	im Sinne von
IvD	In-vitro-Diagnostika
i. V. m.	in Verbindung mit
MedGV	Medizingeräteverordnung
MPBetreibV	Medizinprodukte-Betreiber-Verordnung
MPG	Medizinproduktegesetz
MPV	Medizinprodukteverordnung
MPVerschrV	Verordnung über die Verschreibungspflicht von Medizinprodukten
MPVertrV	Verordnung über Vertriebswege für Medizinprodukte
MTK	messtechnische Kontrolle
m. w. N.	mit weiteren Nachweisen
Nr.	Nummer
OWiG	Ordnungswidrigkeitengesetz
Rn.	Randnummer

RöV	Röntgenverordnung
SGB	Sozialgesetzbuch
STK	sicherheitstechnische Kontrolle
StrSchV	Strahlenschutzverordnung
u. a.	unter anderem
u. s. w.	und so weiter
UVV	Unfallverhütungsvorschriften
vgl.	vergleiche
z. B.	zum Beispiel

Literatur

Brandenburg, S.: Unfallversicherungsrecht, Band 2, in: *Schulin, B.* (Hrsg.): Handbuch des Sozialversicherungsrechts, München 1996.

Hill, R./Schmitt, J. M.: WiKo – Wiesbadener Kommentar zum Medizinproduktegesetz (Loseblattsammlung, Stand: 3/2002), Wiesbaden 1996.

Kindler, M./Menke, W.: Medizinproduktegesetz – MPG –, kommentierte Ausgabe mit Arbeitshilfen und Materialien, Landsberg 1995.

Menke, W.: Handbuch der Medizintechnik, Bd. 1, 4. Aufl. (Loseblattsammlung, Stand: Oktober 2000), Landsberg 1989.

Meyer-Lüerßen, D./Will, H. G.: Das Medizinproduktegesetz und seine Auswirkungen, in: Pharma Recht 2/1995, S. 34 ff.

Nöthlichs, M.: Sicherheitsvorschriften für Medizinprodukte, Ergänzbarer Kommentar zum Medizinproduktegesetz und zur Medizingeräteverordnung (Stand: Mai 2002), Berlin 1994.

Schlund, G. H.: Einzelaspekte zum neuen Medizinproduktegesetz im Überblick, in: Arztrecht 9/1995, S. 235 ff.

Schneider, A.: Die Aufbereitung und Wiederverwendung von (Einweg-) Medizinprodukten – (Mehr) Rechtssicherheit durch das Zweite Gesetz zur Änderung des Medizinproduktegesetzes!, in: Medizin Recht 9/2002, S. 453 ff.

Schorn, G. H.: Medizinische Hilfsmittel und Geräte, Rechtliche Grundlagen mit Einführung und Materialien sowie Kommentar zum Medizinproduktegesetz, Stuttgart 1994.

Schorn, G. H.: Medizinproduktegesetz; Gesetzestext mit amtlicher Begründung und einer Einführung, Stuttgart 1994.

Internetlinks

Informationen zum Medizinprodukterecht, die aktuellen Gesetzestexte und Adressen finden Sie im Internet unter:

www.bmgesundheit.de (Bundesgesundheitsministerium)

www.dimdi.de (Deutsches Institut für Medizinische Dokumentation und Information)

in Suchmaschinen unter den Stichwörtern „Medizinprodukte", „Medizinprodukterecht" oder „Medizinproduktegesetz"

1 Einführung

1.1 Zielsetzung

Das Medizinproduktegesetz (im folgenden MPG genannt) vom 02. August 1994 ist seit dem 01. Januar 1995 in Kraft.[1] Es ist durch das 1. Gesetz zur Änderung des Medizinproduktegesetzes vom 06. August 1998 (1. ÄndG)[2] sowie durch das 2. Änderungsgesetz vom 01. Januar 2002 (2. ÄndG)[3] neu gefasst worden und liegt nun in der Fassung der Bekanntmachung vom 07. August 2002 vor.[4]

Es dient in erster Linie der nationalen **Umsetzung von EU-Richtlinien**, welche die Medizinprodukte in den 15 Ländern des europäischen Wirtschaftsraumes einer einheitlichen Regelung unterstellen. Es handelt sich dabei im Wesentlichen um die Richtlinien über aktive implantierbare medizinische Geräte (90/385/EWG)[5], über Medizinprodukte (93/42/EWG)[6] und die Richtlinie 93/68/EWG des Rates vom 22. Juli 1993.[7]

Seit dem 2. ÄndG ist auch die Richtlinie über **In-vitro-Diagnostika** (98/79/EG) in nationales Recht umgewandelt und in das MPG eingearbeitet

---

[1] Gesetz über Medizinprodukte (Medizinproduktegesetz) vom 02. 08. 1994, BGBl. I, S. 1963.
[2] Erstes Gesetz zur Änderung des Medizinproduktegesetzes vom 6. August 1998, BGBl. I, S. 2005.
[3] Zweites Gesetz zur Änderung des Medizinproduktegesetzes vom 13. Dezember 2001, BGBl. I, S. 3586.
[4] Gesetz über Medizinprodukte (Medizinproduktegesetz) in der Fassung vom 20. August 2002, BGBl. I, S. 3147.
[5] Richtlinie des Rates vom 20. Juni 1990 zur Angleichung der Rechtsvorschriften der Mitgliedsstaaten über aktive implantierbare medizinische Geräte (90/385/EWG), ABl. Nr. L 189 vom 20. Juli 1990, S. 17 geändert durch die Richtlinie 93/42/EWG vom 14. Juni 1993, ABl. Nr. L 169 vom 12. Juli 1993, S. 1.
[6] Richtlinie 93/42/EWG des Rates vom 14. Juni 1993 über Medizinprodukte, ABl. Nr. L 169 vom 12. Juli 1993, S. 1.
[7] Richtlinie 93/68/EWG des Rates vom 22. Juli 1993 zur Änderung der Richtlinie 87/404/EWG (einfache Druckbehälter), 88/378/EWG (Sicherheit von Spielzeug), 89/106/EWG (Bauprodukte), 89/336/EWG (elektromagnetische Verträglichkeit), 89/392/EWG (Maschinen) 89/686/EWG (persönliche Schutzausrüstungen), 90/384/EWG (nicht selbsttätige Waagen) 90/385/EWG (aktive implantierbare medizinische Geräte), 90/396/EWG (Gasverbrauchseinrichtungen), 91/263/EWG (Telekommunikationseinrichtungen), 92/42/EWG (mit flüssigen oder gasförmigen Brennstoffen beschickte neue Warmwasserheizkessel) und 73/23/EWG (elektrische Betriebsmittel zur Verwendung innerhalb bestimmter Spannungsgrenzen), ABl. EG Nr. L 220, S. 1.

worden.[8] Damit ist das MPG und nicht mehr das alte Recht (Medizingeräteverordnung, Arzneimittel- und Chemikaliengesetz) auf In-vitro-Diagnostika (IvD) anzuwenden. Für sie gelten demzufolge die gleichen Bestimmungen wie für die anderen Medizinprodukte, soweit nicht etwas anderes ausdrücklich bestimmt ist.

4   Das MPG soll eine **ordnungsgemäße Versorgung** mit Medizinprodukten sicherstellen und die medizinische sowie technische Sicherheit und Leistung von Medizinprodukten gewährleisten. Das MPG dient dem **Schutz von Patienten, Anwendern** und **Dritten** (= Personen, die weder das Medizinprodukt anwenden noch gebrauchen, sich aber in der Umgebung des Medizinproduktes aufhalten) und soll darüber hinaus den freien Warenverkehr aller mit einer **CE-Kennzeichnung** versehenen Medizinprodukte EU-weit ermöglichen.

Zeitplan des Erlasses und Umsetzung der EG-Richtlinien

5   Aktive implantierbare medizinische Geräte:
EG-Richtlinie:	20. Juni 1990
Umsetzung:	01. Juli 1992
In Kraft:	ab 01. Januar 1993
Übergangsregelung:	bis 31. Dezember 1994

6   Medizinische Produkte:
Gemeinsamer Standpunkt:	Ende 1992
Verabschiedung EG-Richtlinie:	14. Juni 1993
Nationales Recht:	02. August 1994
In Kraft:	01. Januar 1995
Übergangsregelung:	ca. 3 Jahre
bis 13. Juni 1998	

7   In-vitro-Diagnostika:
Gemeinsamer Standpunkt:	23. März 1998
Verabschiedung EG-Richtlinie:	27. Oktober 1998
Umsetzung, übergangsweise direkte Anwendung:	ab dem 07. Juni 2000
Nationales Recht:	13. Dezember 2001
In Kraft:	01. Januar 2002

---

8   Richtlinie 98/79/EG des Europäischen Parlamentes und des Rates vom 27. Oktober 1998 über In-vitro-Diagnostika, Abl. Nr. L 331 vom 7. Dezember 1998, S. 1.

Übergangsregelung: 2 Jahre (bis 07. Juni 2003) bzw. 5 Jahre (bis 07. Juni 2005)

Auf der Grundlage von Ermächtigungen des MPG hat der Bund einige ausführende **Verordnungen** erlassen (siehe 5 und 5.6). Dazu zählen:
- Medizinprodukte-Betreiberverordnung (MPBetreibV)[9] (siehe Anhang V/1),
- Medizinprodukte-Verordnung (MPV)[10] (siehe Anhang V/2),
- Verordnung über die Verschreibungspflicht von Medizinprodukten (MPVerschrV)[11] (siehe Anhang V/3),
- Verordnung über Vertriebswege für Medizinprodukte (MPVertrV)[12] (siehe Anhang V/4),
- Sicherheitsplanverordnung (MPSV)[13]
- sowie die Verordnung über das datenbankgestützte Informationssystem über Medizinprodukte des Deutschen Instituts für Medizinische Dokumentation und Information (DIMDI-Verordnung).[14]

1.2 Entwicklung

1.2.1 Rechtslage vor dem Medizinproduktegesetz

Nach dem Recht, welches vor Inkrafttreten des MPG galt, unterlagen aktive implantierbare Medizinprodukte dem **Arzneimittelgesetz** (AMG) und der **Medizingeräteverordnung** (MedGV). Seit dem 01. Januar 1993 konnte die entsprechende EG-Richtlinie über aktive implantierbare medizinische Geräte bis zum Inkrafttreten des MPG unmittelbar angewen-

---

9 Verordnung über das Errichten, Betreiben und Anwenden von Medizinprodukten (Medizinprodukte-Betreiberverordnung) in der Fassung der Bekanntmachung vom 21. August 2002, BGBl. I, S. 3396.
10 Verordnung über Medizinprodukte (Medizinprodukteverordnung) in der Fassung der Bekanntmachung vom 20. Dezember 2001, BGBl. I, S. 3854.
11 Verordnung über die Verschreibungspflicht von Medizinprodukten in der Fassung der Bekanntmachung vom 21. August 2002, BGBl. I, S. 3393.
12 Verordnung über Vertriebswege für Medizinprodukte vom 17. Dezember 1997, BGBl. I, S. 3148, geändert durch Artikel 10 des Gesetzes vom 13. Dezember 2001, BGBl. I, S. 3586.
13 Verordnung über die Erfassung, Bewertung und Abwehr von Risiken bei Medizinprodukten (Medizinprodukte-Sicherheitsplanverordnung) vom 24. Juni 2002, BGBl. I, S. 2131.
14 Verordnung über das datenbankgestützte Informationssystem über Medizinprodukte des Deutschen Instituts für Medizinische Dokumentation und Information (DIMDI –Verordnung) vom 30. 09. 2002, BAnz. 749/02.

det werden, soweit nicht bereits das Arzneimittelgesetz und die Medizingeräteverordnung der EG-Richtlinie entsprechende Regelungen enthielten.[15] Die übrigen Medizinprodukte wurden in verschiedenen Rechtsbereichen geregelt. Hierzu gehörten das Arzneimittelgesetz, das **Lebensmittel- und Bedarfsgegenständegesetz**, das **Gerätesicherheitsgesetz** mit der Medizingeräteverordnung, die **Röntgenverordnung,** die **Strahlenschutzverordnung** und das Eich- und Messrecht.

1.2.2 Interimsregelung

10 Die im Rahmen einer **Übergangsbestimmung** (§ 48 MPG a. F.) geregelte Frist, in der Medizinprodukte einschließlich medizinisch-technischer Geräte noch bis zum 13. Juni 1998 nach den bis zum 31. Dezember 1994 geltenden Vorschriften (MedGV, Gerätesicherheitsgesetz, RÖV, StrSchV, AMG) in Verkehr gebracht und in Betrieb genommen werden durften, ist abgelaufen.

11 Die neuen Übergangsbestimmungen (§ 44 MPG) gelten nur für **In-vitro-Diagnostika** (IvD) und Medizinprodukte nach § 3 Nr. 3 MPG. Bis zum 07. Dezember 2003 dürfen IvD noch nach dem alten Recht (AMG, MedGV) erstmalig in Verkehr gebracht werden. Das weitere Inverkehrbringen und die Inbetriebnahme sind noch bis zum 07. Dezember 2005 zulässig (so genannte Abverkaufsfrist für den Handel). Für Medizinprodukte im Sinne des § 3 Abs. 3 MPG sind die Vorschriften ab dem 13. Juni 2002 anzuwenden. Sie dürfen noch bis zum 13. Dezember 2005 nach den bis zum 13. Dezember 2000 geltenden Vorschriften erstmalig in Verkehr gebracht werden. Das weitere Inverkehrbringen und die Inbetriebnahme sind noch bis zum 13. Dezember 2007 zulässig. Die Vorschriften über das Errichten, Betreiben, Anwenden und Instandhalten von Medizinprodukten gelten aber unabhängig davon, nach welchen Vorschriften das erstmalige Inverkehrbringen erfolgt. Nach § 44 Abs. 4 MPG gilt für Quecksilberglasthermometer mit Maximumvorrichtung eine Übergangsbestimmung bis zum 30. Juni 2004.

1.2.3 Grundsätze des Medizinprodukterechts

12 Mit dem MPG ist das entsprechende europäische Recht in deutsches Recht umgesetzt worden. Darüber hinaus regelt das MPG auch Bereiche,

---

15 BAnz. Nr. 142, S. 6325 vom 01. August 1992, und *Schorn, G. H.*: Medizinische Hilfsmittel und Geräte mit Kommentar zum Medizinproduktegesetz, Stuttgart 1994 (C 3.).

die nicht durch das europäische Recht vorgegeben sind. Hierzu gehören die Vorschriften zum **Errichten und Betreiben von Medizinprodukten** und die Verfahren zur Umsetzung des europäischen Rechts, soweit in den EG-Richtlinien keine näheren Regelungen enthalten sind. Prinzip der europäischen Grundlagen für das Medizinproduktegesetz sind die neue Konzeption für die technische Harmonisierung und Normung[16] sowie das globale Konzept für Zertifizierung und Prüfwesen von Instrumenten zur Gewährleistung der Qualität von Industrieerzeugnissen[17]. Das neue Konzept enthält grundlegende Anforderungen für Produkte, die der Hersteller auf eigenem Weg oder über die Anwendung von europäischen, **harmonisierten Normen** bzw. **Gemeinsame Technische Spezifikationen** für kritische IvD (Produkte der Liste A und gegebenenfalls B des Anhangs II der Richtlinie 98/79/EG) mit seinem Produkt erfüllen muss. In § 8 MPG wird auf diese harmonisierten Normen bzw. Gemeinsame Technische Spezifikationen verwiesen, deren Fundstellen von der EG-Kommission im Amtsblatt der EG bekannt gemacht werden[18]. Bei Beachtung einer harmonisierten Norm bzw. einer Gemeinsamen Technischen Spezifikation wird ohne weiteren Nachweis eine **Konformitätsvermutung** bezüglich der entsprechenden Anforderungen begründet. Der Hersteller muss die Übereinstimmung mit der Norm darlegen. Die harmonisierten Normen konkretisieren auch die Anforderungen an **Qualitätssicherungssysteme** und die Regelungen zur klinischen Prüfung. Dem Hersteller ist es freigestellt, ob er die harmonisierten Normen einhält oder davon abweicht. Wenn er sich jedoch nicht auf die harmonisierten Normen beruft, muss er die Erfüllung der grundlegenden Anforderungen auf andere Weise darlegen. Die grundlegenden Anforderungen sind in Anhang I der EG-Richtlinie 93/42/EWG vom 14. Juni 1993 festgelegt. Eine Umsetzung dieser grundlegenden Anforderungen in nationales Recht ist im Rahmen der Verordnung über Medizinprodukte erfolgt. Nach den grundlegenden Anforderungen muss die integrierte Sicherheit gewährleistet sein. Die Gesundheit der Patienten, Anwender und Dritter darf nicht gefährdet werden. Darüber hinaus müssen die Produkte die vom Hersteller vorgegebene Leistung erbringen und die angegebene Leistung muss während der Lebensdauer des Medizinproduktes konstant bleiben. Schließlich sind in den grundlegenden Anforderungen auch Grundsätze für die Auslegung und die Konstruktion von Medizinprodukten vorgegeben. Die Erfüllung der grundlegenden Anforderungen

---

16 Entschließung des Rates vom 07. 05. 1985, ABl. Nr. C 136 vom 04. Juni 1985, S. 1.
17 Entschließung des Rates vom 16. 01. 1990, ABl. EG Nr. C 10, S. 1.
18 Erste Bekanntmachung s. ABl. Nr. C 227 vom 04. 10. 1994, S. 6 und BAnz. Nr. 232 vom 10. 12. 1994, S. 12062.

kann durch eine klinische Prüfung (siehe 4) belegt werden (Anhang I Ziffer 14 der EG-Richtlinie).

Im Gegensatz zu den harmonisierten Normen hat der Hersteller bei den Gemeinsamen Technischen Spezifikationen kein grundsätzliches Wahlrecht, ob er diese einhält oder den Nachweis der Erfüllung der grundlegenden Anforderungen auf andere Weise erbringt. Nur in hinreichend begründeten Fällen kann von den Gemeinsamen Technischen Spezifikationen abgewichen werden, wenn trotz Nichteinhaltung ein gleichwertiges Sicherheitsniveau für die betreffenden In-vitro-Diagnostika erreicht wird. Weitere Anforderungen, die in den Gemeinsamen Technischen Spezifikationen keine Berücksichtigung gefunden haben, müssen zusätzlich eingehalten werden.

13 Das globale Konzept enthält Modelle von Konformitätsbewertungsverfahren, so genannte **Module** (Qualitätssicherungs- und Produktionszulassungsverfahren), die sich sowohl auf den **Produktionsentwurf**, als auch die **Produktionsstufe** beziehen (siehe 3.1).

1.3 Verhältnis zu anderen Vorschriften

14 Neben dem MPG und den ausführenden Verordnungen existieren noch weitere Vorschriften, zu deren Regelungsbereich es für Medizinprodukte Überschneidungen gibt. So bleiben nach § 2 Abs. 3 MPG die Vorschriften des Atomgesetzes, der Strahlenschutzverordnung, der Röntgenverordnung und des Strahlenvorsorgegesetzes, des Chemikaliengesetzes, der Gefahrstoffverordnung sowie der Rechtsvorschriften über Geheimhaltung und Datenschutz von dem Anwendungsbereich des MPG unberührt. Diese Aufzählung ist jedoch nicht abschließend.[19] So bleibt als Beispiel das gesamte Recht der überwachungsbedürftigen Anlagen neben dem MPG bestehen.[20] Nachfolgend werden einige wichtige Vorschriften angesprochen.

15 Die **Medizingeräteverordnung** (MedGV) ist durch das 2. ÄndG zum MPG aufgehoben worden. Seine Regelungsgehalte wurden weitestgehend in die Medizinprodukte-Betreiberverordnung übernommen. Somit sind alle Medizinprodukte nach der Medizinprodukte-Betreiberverordnung zu betreiben und anzuwenden, unabhängig davon, ob sie ursprünglich nach der MedGV in Betrieb genommen wurden. Für diese Geräte

---

19 *Nöthlichs, M.*, Sicherheitsvorschriften für Medizinprodukte, Stand April 2002, Erläuterungen zum MPG, § 2, S. 6.
20 *Nöthlichs, M.*, Sicherheitsvorschriften für Medizinprodukte, Stand April 2002, Erläuterungen zum MPG, § 2, S. 6.

sieht die Medizinprodukte-Betreiberverordnung jedoch in § 15 MPBetreibV Sondervorschriften für die Anwendung und das Betreiben vor (siehe 5.5).

Durch § 2 Abs. 4 Nr. 1 MPG wird klargestellt, dass das Medizinproduktegesetz nicht für Arzneimittel im Sinne des § 2 Abs. 1 Nr. 2 **Arzneimittelgesetz** gilt. 16

Mit Inkrafttreten des MPG wurde das **Chemikaliengesetz** dahingehend geändert, dass die Vorschriften des II. Abschnitts (Anmeldung neuer Stoffe) und III. Abschnitts (Einstufung, Verpackung und Kennzeichnung von gefährlichen Stoffen, Zubereitungen und Erzeugnissen) auf Medizinprodukte nicht mehr anwendbar sind. Seit dem 2. ÄndG zum MPG gilt der III. Abschnitt allerdings für Medizinprodukte, die Zubereitungen im Sinne der Richtlinie 1999/45/EG für die Einstufung, Verpackung und Kennzeichnung gefährlicher Zubereitungen sind oder enthalten, es sei denn, es handelt sich um Medizinprodukte, die invasiv oder unter Körperberührung angewendet werden. Die Mitteilungspflichten des IV. Abschnittes des Chemikaliengesetzes gelten für Medizinprodukte nur bei neuen Stoffen, die nicht in Verkehr gebracht werden (§ 16b Abs. 1 Nr. 1 ChemG). Die im V. Abschnitt des Chemikaliengesetzes geregelten Ermächtigungen zu Verboten und Beschränkungen sowie zu Maßnahmen zum Schutz von Beschäftigten gelten auch für Medizinprodukte. Ausgenommen hiervon ist lediglich die in § 17 Abs. 1 Nr. 2a und b ChemG vorgeschriebene Anzeige- und Erlaubnispflicht für den Hersteller, Händler und Betreiber. Diese persönlichen Anforderungen an Hersteller, Händler und Betreiber von Medizinprodukten gelten nicht, da hier das MPG vorrangig ist. Schließlich ist auch § 23 Abs. 2 ChemG betreffend die Anordnungsbefugnis der zuständigen Landesbehörde nicht auf Medizinprodukte anwendbar. 17

Die **Gefahrstoffverordnung** gilt mit Ausnahme des III. Abschnittes (Kennzeichnung und Verpackung beim Inverkehrbringen) weiterhin für Medizinprodukte. Auch der IV. Abschnitt der Gefahrstoffverordnung (Verbote und Beschränkungen) gilt für Medizinprodukte. Danach dürfen z. B. gemäß § 15 Abs. 1 Nr. 1 GefStoffV keine Medizinprodukte hergestellt oder verwendet werden, die Asbest (als Hitzeschutz/Isolierung) enthalten. Die besonderen Beschäftigungsbeschränkungen für bestimmte Personengruppen (§ 15b GefStoffV a. F.), die auch für Medizinprodukte gelten, sind aus der GefStoffV gestrichen und in spezielle Gesetze aufgenommen worden. So dürfen nun nach § 5 Abs. 1 Nr. 3 MuSchRiV werdende Mütter nicht mit krebserzeugenden, fruchtschädigenden oder erbgutverändernden Gefahrstoffen beschäftigt werden. Schwangere Frauen dürfen daher insbesondere im Anästhesiebereich nicht Medizin- 18 produkten ausgesetzt werden, die das nachweislich fruchtschädigende Halotan (2-Brom-2-Chlor-1,1,1-Trifluortan) enthalten, welches unter anderem aus diesem Grund in der Praxis überwiegend durch andere Narkosegase ersetzt wird.

19 Das **Gerätesicherheitsgesetz** und die auf der Grundlage dieses Gesetzes erlassenen Verordnungen gelten seit Inkrafttreten des MPG – von Ausnahmen abgesehen – nicht mehr für medizinisch-technische Geräte.

20 Seit Inkrafttreten des MPG werden Beschaffenheitsanforderungen an Bestrahlungseinrichtungen, Anlagen zur Erzeugung ionisierender Strahlen und Vorrichtungen, die bei der Ausübung der Heilkunde oder Zahnheilkunde verwendet werden und in den Anwendungsbereich des Medizinproduktegesetzes fallen, dort und nicht mehr in der **Strahlenschutzverordnung** materiell abschließend geregelt. Diese Geräte bedürfen der Genehmigung gemäß § 9 Abs. 1 Nr. 5 und § 14 Abs. 1 Nr. 5 StrSchV, die materielle Prüfung hat jedoch nach dem Medizinproduktegesetz zu erfolgen. Abweichende Anforderungen können im Rahmen des Genehmigungsverfahrens nach der Strahlenschutzverordnung nicht festgelegt werden. Auch das Verfahren der Bauartzulassung gemäß den §§ 25 ff. StrSchV als Regelung über das Inverkehrbringen von Produkten ist nur bei solchen Vorrichtungen möglich, die nicht medizinischen Zwecken dienen. Vorrichtungen, die unter das Medizinproduktegesetz fallen, unterliegen dortigen besonderen Regelungen der Konformitätsbewertung. Für das nach § 85 Abs. 6 StrSchV zu führende aktuelle Verzeichnis der Bestrahlungseinrichtungen, der Anlagen zur Erzeugung ionisierender Strahlen oder sonstiger Geräte und Ausrüstungen kann das Bestandsverzeichnis nach § 8 MPBetreibV herangezogen werden.

21 Des Weiteren wurden mit Einführung des MPG einzelne Vorschriften der **Röntgenverordnung** geändert. Danach bedarf der Betrieb von Röntgeneinrichtungen gemäß § 4 Abs. 1 Nr. 2 RöV keiner Genehmigung nach § 3 Abs. 1 RöV, wenn deren Herstellung und erstmaliges Inverkehrbringen unter den Anwendungsbereich des Medizinproduktegesetzes fällt. Die Inbetriebnahme muss nur der zuständigen Behörde spätestens zwei Wochen vorher angezeigt werden. Mit Inkrafttreten des Medizinproduktegesetzes unterliegen medizinische Röntgeneinrichtungen nunmehr den dortigen Vorschriften für das Inverkehrbringen und müssen ein anderes Genehmigungsverfahren durchlaufen. Für sie gilt nicht das Verfahren der Bauartzulassung nach § 8 RöV. Andererseits muss jedoch sichergestellt werden, dass die fachlichen Voraussetzungen des Betreibers und der Strahlenschutz gegeben sind. Die Regelungen der Bauartzulassung nach der Röntgenverordnung gelten nur noch für nichtmedizinische Röntgengeräte. Schließlich regelt der § 18 Abs. 4 RöV, dass der Be-

treiber einer Röntgeneinrichtung, die unter das Medizinproduktegesetz fällt, deren Betrieb unverzüglich einzustellen hat, wenn der begründete Verdacht besteht, dass die Einrichtung die Sicherheit und die Gesundheit der Patienten, Anwender oder Dritter bei sachgemäßer Anwendung, Instandhaltung und ihrer Zweckbestimmung entsprechender Verwendung über ein nach den Erkenntnissen der medizinischen Wissenschaften vertretbares Maß hinausgehend gefährden oder die zuständige Behörde festgestellt hat, dass ein ausreichender Schutz vor Strahlenschäden nicht gewährleistet ist.

Seit dem 2. ÄndG ist das **Gesetz über die Werbung auf dem Gebiet des Heilwesens** (HWG) durch die vorgenommenen Änderungen generell auf Medizinprodukte anwendbar. Da Medizinprodukte hinsichtlich ihres Gefährdungspotentials insbesondere für medizinische Laien nicht grundsätzlich mit Arzneimitteln gleichgestellt werden können, erfolgte für Medizinprodukte eine differenzierte Ergänzung des Gesetzes. 22

Das Krankenversicherungsrecht im 5. Buch Sozialgesetzbuch (SGB V) regelt die **Kostenübernahme für Medizinprodukte** zu Lasten der gesetzlichen Krankenversicherung (GKV) nach rein nationalen Kriterien. Das Medizinproduktegesetz beruht hingegen auf der Umsetzung von europaweit geltenden EG-Richtlinien. Aufgrund dieses unterschiedlichen Ursprungs enthalten beide Gesetze grundsätzlich abweichende Terminologien. Obwohl die zuständigen Unterabteilungen des Bundesministeriums für Gesundheit und Soziale Sicherheit sich dieser Problematik bewusst sind, wird immer noch kein Harmonisierungsbedarf gesehen[21]. Probleme ergeben sich dahingehend, dass das SGB V als Voraussetzung der Kostenübernahme zu Lasten der gesetzlichen Krankenversicherung den Nachweis der **Erfüllung nationaler Qualitätsstandards** verlangen darf (§ 139 SGB V). 23

2 Geltungsbereich des Medizinproduktegesetzes

Das Medizinproduktegesetz findet nur Anwendung auf Produkte zur **Anwendung für den Menschen**, nicht aber auf Produkte, die ausschließlich zur veterinärmedizinischen Versorgung bestimmt sind. Für Medizinprodukte auf diesem Gebiet gilt insbesondere das Arzneimittel- und 24

---

21 *Hill, R./Schmitt, J. M.:* WiKo – Wiesbadener Kommentar zum Medizinproduktegesetz, Stand 3/2002, Einleitung V, S. 9.

Tierseuchenrecht. Die Bestimmung als Medizinprodukt definiert sich über die **medizinische Zweckbestimmung**, die der Hersteller ihm zuschreibt (§ 2 Nr. 1 MPG). Diese Zweckbestimmung ergibt sich aus der Kennzeichnung, der Gebrauchsanweisung oder den Werbeangaben zu einem Produkt.[22] Anders verhält es sich, wenn die Zweckbestimmung zwar nicht genannt, jedoch offensichtlich ist.

2.1 Sachlicher Geltungsbereich

25 Nach der amtlichen Begründung des Gesetzes ergibt sich der Anwendungsbereich aus den EG-Richtlinien und der Übernahme der Vorschriften zum Errichten und Betreiben von Medizinprodukten. Dieses Gesetz gilt für das Herstellen, das Inverkehrbringen, das Inbetriebnehmen, das Ausstellen, das Errichten, das Instandhalten, das Betreiben und das Anwenden von Medizinprodukten sowie deren **Zubehör**. Das Zubehör wird nach § 2 Abs. 1 MPG als eigenständiges Medizinprodukt behandelt. Das Medizinproduktegesetz findet gemäß § 2 Abs. 2 MPG ebenfalls Anwendung auf Medizinprodukte, die dazu bestimmt sind, Stoffe und Zubereitungen aus Stoffen, die Arzneimittel im Sinne des § 2 Abs. 1 des Arzneimittelgesetzes sind, zu verabreichen. Hierzu gehört beispielsweise die **Medikamentenpumpe**, mit der Insulin verabreicht wird. Nach § 2 Abs. 2 MPG gilt das Medizinproduktegesetz auch für Medizinprodukte, die mit einem Arzneimittel im Sinne des § 2 Abs. 1 des Arzneimittelgesetzes als eine feste Einheit in den Verkehr gebracht werden, ausschließlich zur Verwendung in dieser Kombination bestimmt und lediglich zur einmaligen Anwendung bestimmt sind, nur insoweit, als dass das Medizinprodukt die grundlegenden Anforderungen nach § 7 MPG erfüllen muss, welche die sicherheits- und leistungsbezogenen Produktfunktionen regeln. Diese Regelung betrifft u. a. eine mit Arzneimitteln **gefüllte Fertigspritze**, deren Spritzkörper zur einmaligen Verwendung bestimmt ist.

2.1.1 Medizinproduktebegriff

26 In § 3 des Gesetzes erfolgt eine umfassende **Begriffsbestimmung**. Dabei wird der Begriff des Medizinproduktes sehr weit gefasst. Nach § 3 MPG sind Medizinprodukte alle einzeln oder miteinander verbunden verwendeten Instrumente, Apparate, Vorrichtungen, Stoffe und Zubereitungen aus Stoffen oder andere Gegenstände einschließlich der für ein einwandfreies Funktionieren des Medizinproduktes eingesetzten Software, die

---

22 *Meyer-Lüerßen, D./Will, H. G.:* Das Medizinproduktegesetz und seine Auswirkungen, in: Pharma Recht 2/1995, S. 35.

vom Hersteller zur Anwendung für Menschen mittels ihrer Funktionen zu den in § 3 Nr. 1 MPG genannten Zwecken zu dienen bestimmt sind. Voraussetzung ist weiter, dass deren bestimmungsgemäße Hauptwirkung im oder am menschlichen Körper weder durch pharmakologisch noch immunologisch wirkende Mittel noch durch Metabolismus erreicht wird. Der Definition als Medizinprodukt steht es allerdings nicht entgegen, wenn die Wirkungsweise durch solche Mittel unterstützt wird. Zu den Medizinprodukten zählen sowohl technische Vorrichtungen als auch Stoffe und Zubereitungen.

Zur **Abgrenzung von den Arzneimitteln** dürfen Medizinprodukte in oder am menschlichen Körper weder pharmakologisch noch immunologisch wirken. Das Wundpflaster z. B. unterliegt dem Medizinproduktegesetz. Ein Pflaster hingegen, dem ein herzwirksames Arzneimittel (z. B. Nitrat) aufgetragen ist, um dieses (auf den Körper geklebt) langsam in den Körper abzugeben, fällt als Arzneimittelträger unter das Arzneimittelgesetz. Maßgebliche Funktion ist hierbei die pharmakologische Wirkung. 27

Hiervon zu trennen sind aber insbesondere Medizinprodukte gemäß § 3 Nr. 2 MPG. Dabei handelt es sich um Produkte nach Nr. 1, die einen Stoff oder eine Zubereitung aus Stoffen enthalten oder auf die solche aufgetragen sind, die bei gesonderter Verwendung als Arzneimittel im Sinne des § 2 Abs. 1 des AMG angesehen werden können und die in Ergänzung zu den Funktionen des Produktes eine Wirkung auf den menschlichen Körper entfalten können. Gemeint ist hier z. B. die mit Hydrokortison beschichtete Elektrode für Herzschrittmacher. 28

In Zweifelsfällen ist zu prüfen, ob die **Arzneimittelwirkung** (pharmakologisch, immunologisch, metabolisch) im Vordergrund steht. Dann gilt das Arzneimittelrecht, ansonsten fällt das Produkt unter das MPG. 29

Dies gilt z. B. auch für heparinbeschichtete Katheter. Dabei handelt es sich um ein arzneimittelunterstütztes Medizinprodukt. Die **Arzneimittelkomponente** ist nach den Grundsätzen der Richtlinie 75/318/EWG zu bewerten[23], wobei das Gesamterzeugnis ein Medizinprodukt ist. 30

Im Hinblick auf mögliche **Abgrenzungsprobleme** hat die europäische 31

---

23   Richtlinie 75/318 EWG des Rates vom 20. Mai 1975 zur Angleichung der Rechts- und Verwaltungsvorschriften der Mitgliedsstaaten über die analytischen, toxikologisch-pharmakologischen und ärztlichen oder klinischen Vorschriften und Nachweise über Versuche mit Arzneimitteln, ABl. Nr. L 147 vom 09. Juni 1975 S. 1, zuletzt geändert durch die Richtlinie 93/39/EWG ABl. Nr. L 214 vom 24. August 1993, S. 22.

Kommission ein Positionspapier veröffentlicht[24], das den Unternehmen und Behörden Erläuterungen gibt.

32 Ein besonderes Problem ergibt sich bei der Abgrenzung von Medizinprodukten zu **persönlichen Schutzausrüstungen**. Die persönliche Schutzausrüstung fällt gemäß § 2 Abs. 4 Nr. 6 MPG nicht unter das Medizinprodukterecht, da sie zum Zwecke des Schutzes des Anwenders eingesetzt wird. Die Schwierigkeiten der Abgrenzung werden an dem Beispiel Schutzhandschuhe deutlich. Schutzhandschuhe können dazu dienen, lediglich den Anwender z. B. vor Verletzungen oder Infektionen zu schützen. Auf der anderen Seite dienen Schutzhandschuhe aber auch dazu, den Patienten z. B. vor Infektionen zu bewahren. Nach dem Positionspapier der EG-Kommission zur Abgrenzung von Medizinprodukten und persönlicher Schutzausrüstung ist maßgebliches Abgrenzungskriterium die **Zweckbestimmung** und **Auszeichnung** des Produktes durch den Hersteller. Wenn nach der Beschreibung des Produktes durch den Hersteller die Zweckbestimmung des Schutzhandschuhes darin liegt, die Gesundheit und Sicherheit des Patienten zu schützen, handelt es sich um ein Medizinprodukt, welches unter das MPG fällt. Dies gilt auch, wenn diese Handschuhe gleichzeitig auch den Anwender schützen. Hierzu gehören OP- und Untersuchungshandschuhe.

33 Wenn ein Schutzhandschuh nach der Zweckbestimmung des Herstellers ausschließlich den Anwender schützen soll, handelt es sich um eine persönliche Schutzausrüstung, die nicht unter das MPG fällt. Hierzu gehört z. B. der Schutzhandschuh, der in medizinischen Laboren verwendet wird. Weitere Beispiele für Medizinprodukte und persönliche Schutzausrüstungen sind im Anhang IV genannt.

2.1.2 Sonstige Medizinprodukte

34 Den Medizinprodukten gleichgestellt ist **Zubehör** gemäß § 2 Abs. 1 MPG. Zubehör sind Gegenstände, Stoffe, Zubereitungen aus Stoffen sowie Software, die vom Hersteller dazu bestimmt sind, mit einem Medizinprodukt verwendet zu werden. Zubehör dient dazu, das Medizinprodukt seiner Zweckbestimmung entsprechend zu nutzen oder die für das Medizinprodukt festgelegte Zweckbestimmung zu unterstützen (§ 3 Nr. 9 MPG). Als Beispiel sei die Kontaktlinsenlösung genannt, die speziell zum Desinfizieren, Reinigen, Abspülen oder ggf. Hydratisieren von Kontaktlinsen bestimmt ist.

---

24 Guidelines relating to the application of the council directive 90/585 EEC on active implantable medical devices and the council directive 93/42 EEC on medical devices, in: MEDDEV 13/1993, 1.3.1994.

Zu den Medizinprodukten zählen auch Produkte nach Nr. 1, die als Be- 35
standteil einen Stoff enthalten, der gesondert verwendet als Bestandteil
eines Arzneimittels oder Arzneimittel aus menschlichem Blut oder
Blutplasma im Sinne des Artikels 1 der Richtlinie 89/381/EWG betrachtet werden und in Ergänzung zu dem Produkt eine Wirkung auf den
menschlichen Körper entfalten kann.

In-vitro-Diagnostika zählen ebenfalls zu den Medizinprodukten. Nach 36
§ 3 Abs. 4 MPG ist ein In-vitro-Diagnostikum ein Medizinprodukt, das
als Reagenz, Reagenzprodukt, Kalibriermaterial, Kontrollmaterial, Kit,
Instrument, Apparat, Gerät oder System – einzeln oder kombiniert –
nach der vom Hersteller festgelegten Zweckbestimmung zur In-vitro-
Untersuchung von aus dem menschlichen Körper stammenden Proben,
einschließlich Blut- und Gewebespenden, verwendet wird. Darüber hinaus dient es allein oder hauptsächlich dazu, Informationen über physiologische Zustände oder Krankheits- oder Gesundheitszustände oder über
angeborene Anomalien zu liefern oder zur Überwachung therapeutischer Maßnahmen oder die Unbedenklichkeit und die Verträglichkeit
bei den potenziellen Empfängern zu prüfen. Hierzu gehören Aids-Diagnostika, Analysegeräte oder sonstige Laborgeräte. Daneben gelten auch
Probenbehältnisse im Gegensatz zum allgemeinen Laborbedarf als IvD.
Und invasive, zur Entnahme von Proben aus dem menschlichen Körper
zur In-vitro-Untersuchung bestimmte Medizinprodukte sowie Medizinprodukte, die zum Zwecke der Probenentnahme in unmittelbaren Kontakt mit dem menschlichen Körper kommen, sind gemäß § 3 Abs. 9
Satz 2 MPG kein Zubehör für IvD.

2.2 Tätigkeitsbezogener Geltungsbereich

Zwar wird der tätigkeitsbezogene Geltungsbereich des Medizinproduk- 37
tegesetzes nicht ausdrücklich bestimmt, jedoch ergibt er sich aus den
unterschiedlichen Formulierungen der §§ 4 ff. (Anforderungen an Medizinprodukte und deren Betrieb) und der §§ 2 ff. (Anwendungsbereich des
Gesetzes)[25]. Danach kann man davon ausgehen, dass diejenigen Abschnitte des Gesetzes, die das **Inverkehrbringen** von Medizinprodukten
regeln, für jedermann gelten. Damit wird jeder Hersteller, Großhändler,
Händler und sonstige Medizinprodukte-Vertreiber erfasst. Dies gilt unabhängig davon, ob diese Personen gewerblich oder nicht gewerblich
handeln. Lediglich die Verantwortlichkeit für das erstmalige Inverkehr-

---

25 *Schlund, G.-H.:* Einzelaspekte zum neuen Medizinproduktegesetz im Überblick, in: Arztrecht 9/1995, S. 236.

bringen wird in § 5 MPG auf den Hersteller, dessen Bevollmächtigten und auf den Einführenden des Medizinproduktes beschränkt.

38 Hersteller ist die natürliche oder juristische Person, die für die Auslegung, Herstellung, Verpackung und Kennzeichnung eines Medizinproduktes im Hinblick auf das erstmalige Inverkehrbringen im eigenen Namen verantwortlich ist, unabhängig davon, ob diese Tätigkeiten von dieser Person oder stellvertretend für diese von einer dritten Person ausgeführt werden.

39 Abgrenzungsschwierigkeiten ergeben sich hinsichtlich der Definition des **Anwenderbegriffs**. Im Medizinproduktegesetz sowie in der Betreiberverordnung ist dieser Begriff nicht definiert. Im Rahmen einer weiten Auslegung könnte auch der Autofahrer, der mit einem Verbandskasten, dessen Verfalldatum abgelaufen ist, Erste Hilfe leistet, von dieser Vorschrift erfasst werden. Aus dem Sachzusammenhang des Medizinproduktegesetzes lässt sich diese Intention des Gesetzgebers jedoch nicht herleiten. Daher scheint es angebracht, in Analogie zu § 1 Abs. 2 MPBetreibV die Medizinprodukte, die weder gewerblichen noch wirtschaftlichen Zwecken dienen und in deren Gefahrenbereich kein Arbeitnehmer beschäftigt ist, von der Verbotsnorm des § 4 MPG, soweit das Betreiben und Anwenden betroffen ist, auszunehmen. Daher sind nur **professionelle** Betreiber (Krankenhausträger, Praxisinhaber) und Anwender (Arzt, Pfleger, Krankenschwester) im Rahmen ihrer beruflichen Tätigkeit Adressat des Gesetzes, nicht aber **Privatpersonen**.[26]

40 Der Begriff des Inverkehrbringens ist in § 3 Nr. 11 MPG definiert. Inverkehrbringen ist jede entgeltliche oder unentgeltliche Abgabe von Medizinprodukten an andere. Erstmaliges Inverkehrbringen ist die erste Abgabe von neuen oder als neu aufbereiteten Medizinprodukten an andere im Europäischen Wirtschaftsraum. Als Inverkehrbringen nach diesem Gesetz gilt nicht:
a) Die Abgabe zum Zwecke der klinischen Prüfung.
b) Die Abgabe von IvD für Leistungsbewertungsprüfungen.
c) Die erneute Abgabe eines Medizinproduktes nach seiner Inbetriebnahme an andere, es sei denn, dass es als neu aufbereitet oder wesentlich verändert worden ist.

41 Inverkehrbringen gemäß §§ 5 und 6 MPG bedeutet abweichend vom Arzneimittelrecht nur die tatsächliche Abgabe von Medizinprodukten an andere. Die Abgabe zum Zwecke der klinischen Prüfung oder zur

---
26 *Hill, R./Schmidt, J. M.*: a. a. O., Stand 11/1998, § 2 MPG, S. 3 f.

Leistungsbewertungsprüfung wird davon nicht erfasst. Das erneute Überlassen eines Medizinproduktes nach seiner Inbetriebnahme beim Anwender an einen anderen gilt nicht als Inverkehrbringen. Damit wird deutlich, dass das Medizinproduktegesetz keine Anwendung auf **gebrauchte Medizinprodukte** findet, es sei denn, dass sie neu aufbereitet oder wesentlich verändert worden sind. Voraussetzung für das Inverkehrbringen und auch die Inbetriebnahme von Medizinprodukten ist gemäß § 6 Abs. 1 MPG, dass sie mit einer **CE-Kennzeichnung** nach Maßgabe dieses Gesetzes versehen sind (siehe dazu Abschnitt 3).

Eine Abgabe an andere liegt nicht vor, wenn Medizinprodukte für einen anderen aufbereitet und an diesen zurückgegeben werden. Dies wurde durch das 2. ÄndG klargestellt.[27] Nach § 3 Nr. 14 MPG ist die **Aufbereitung** von bestimmungsgemäß keimarm oder steril zur Anwendung kommenden Medizinprodukten die nach deren Inbetriebnahme zum Zwecke der erneuten Anwendung durchgeführte Reinigung, Desinfektion und Sterilisation einschließlich der damit zusammenhängenden Arbeitsschritte sowie die Prüfung und Wiederherstellung der technisch-funktionellen Sicherheit. Die Definition unterscheidet dabei nicht zwischen Ein- und Mehrwegprodukten, so dass beide Bereiche von der Definition erfasst sind.[28] Darüber hinaus sind aufgrund des 2. ÄndG die Vorschriften im MPG und der MPBetreibV hinsichtlich der Aufbereitung von Medizinprodukten konkretisiert und verschärft worden. So unterliegen Betriebe und Einrichtungen, die Medizinprodukte für andere aufbereiten, der allgemeinen Anzeigepflicht und der Überwachung (siehe 6). In § 1 der Medizinprodukte-Betreiberverordnung ist der Anwendungsbereich auf die Instandhaltung, welche als Element die Aufbereitung beinhaltet, ausgedehnt. Nach § 4 Abs. 2 MPBetreibV ist eine Aufbereitung mit geeigneten **validierten Verfahren**[29] so durchzuführen, dass der Erfolg dieser Verfahren nachvollziehbar gewährleistet ist und die Sicherheit und Gesundheit von Patienten, Anwendern oder Dritten nicht gefährdet wird. Dabei wird eine ordnungsgemäße Aufbereitung vermutet, wenn die gemeinsame **Empfehlung** der Kommission für Krankenhaushygiene und

42

---

27 *Scheider, A.,* Die Aufbereitung und Wiederverwendung von (Einweg-)Medizinprodukten, in Medizin Recht 9/2002, S. 453.
28 *Scheider, A.,* Die Aufbereitung und Wiederverwendung von (Einweg-)Medizinprodukten, in Medizin Recht 9/2002, S. 453.
29 Ein Verfahren ist validiert, wenn bewiesen wurde, dass es beständig Produkte liefert, welche den vorgegebenen Spezifikationen, der Erfüllung der Zweckbestimmung und der Anwendungssicherheit entsprechen. Die Validierung muss nach Art und Umfang dem Produkt, dem Verwendungszweck sowie dem Stand der Technik entsprechen und setzt die erforderliche Qualifikation und die Ausstattung eines Prüflaboratoriums voraus; *Nöthlichs,* § 4 MPBetreibV, S. 4.

Infektionsprävention beim Robert-Koch-Institut und des Bundesinstituts für Arzneimittel und Medizinprodukte zu den Anforderungen an die Hygiene bei der Aufbereitung von Medizinprodukten beachtet wird.[30] (siehe Anhang V/5)

2.3 Räumlicher Geltungsbereich

43 Das Medizinproduktegesetz gilt für das Inverkehrbringen und Ausstellen von Medizinprodukten auf dem Gebiet der Bundesrepublik **Deutschland**. Maßgeblich ist der **Vorgang des Inverkehrbringens** und des Ausstellens, ohne Berücksichtigung, ob das Medizinprodukt im In- oder Ausland hergestellt wurde.[31]

3 Verkehrsfähigkeit im europäischen Wirtschaftsraum

44 Nach § 9 MPG bedürfen Medizinprodukte einer **CE-Kennzeichnung**, um im freien Warenverkehr in allen **EWR-Vertragsstaaten** zugelassen zu werden. Dies gilt für aktive implantierbare Medizinprodukte[32], für In-vitro-Diagnostika[33] und für sonstige Medizinprodukte[34]. Ausgenommen hiervon sind jedoch gemäß § 6 MPG Sonderanfertigungen, Medizinprodukte aus In-Haus-Herstellung und Medizinprodukte zur klinischen Prüfung bzw. zur Leistungsbewertungsprüfung sowie gemäß § 11 MPG freigestellte Medizinprodukte. Nach § 6 Abs. 2 MPG dürfen Medizinprodukte mit einer CE-Kennzeichnung nur versehen werden, wenn die grundlegenden Anforderungen (siehe 1.2.3) nach § 7 MPG erfüllt sind und ein für das jeweilige Medizinprodukt vorgeschriebenes Konformitätsbewertungsverfahren durchgeführt worden ist. Ein danach geprüftes Medizinprodukt kann dann z. B. von einem deutschen Händler bzw. Apotheker, einem Krankenhausträger oder Arzt in einem anderen EWR-Vertragsstaat gekauft werden und in Deutschland in den Verkehr gebracht, vertrieben oder angewendet werden.[35]

---

30 Bundesgesundheitsbl. 44 (2001), 1115–1126.
31 *Schlund, G. H.:* a. a. O., S. 236.
32 Anhang 9 der Richtlinie 90/385/EWG.
33 Anhang X der Richtlinie 98/79/EG.
34 Anhang XII der Richtlinie 93/42/EWG.
35 *Schorn, G.-H. (Hrsg.):* Medizinproduktegesetz, Gesetzestext mit amtlicher Begründung und einer Einführung, Stuttgart 1994, S. 19 mit weiteren Beispielen.

3.1 Konformitätsbewertungsverfahren

Bevor ein Medizinprodukt in den Verkehr gebracht wird, muss seine Übereinstimmung mit den gesetzlichen Anforderungen in einem **Konformitätsbewertungsverfahren** festgestellt werden. Als Grundlage für das jeweils anzuwendende Konformitätsbewertungsverfahren werden nach § 13 Abs. 1 MPG die Medizinprodukte mit Ausnahme der IVD und der aktiven implantierbaren Medizinprodukte in verschiedene **Risikoklassen** eingeteilt (I, IIa, IIb, III). Diese Einteilung in Risikoklassen ist mit der Einteilung der Geräte in Gruppen nach der Medizingeräteverordnung vergleichbar. Die Zuordnung erfolgt grundsätzlich durch den Hersteller (falls erforderlich im Einvernehmen mit der benannten Stelle) nach einem im Anhang IX der EG-Richtlinie beschriebenen Regelwerk.

Eine Konformitätsbewertung ist nach §§ 3 bis 6 der Medizinprodukte-Verordnung (MPV) durchzuführen, welche die entsprechenden europäischen Richtlinien in nationales Recht umgesetzt hat. Es werden, differenziert nach aktiv implantierbaren Medizinprodukten (§ 4 MPV), In-vitro-Diagnostika (§ 5 MPV) und sonstigen Medizinprodukten (§ 6 MPV), welche wiederum in Risikoklassen unterteilt sind, verschiedene Konformitätsbewertungsverfahren vorgeschrieben.

Die Kriterien für eine **Produktzuordnung** der sonstigen Medizinprodukte in die Risikoklassen sind in 18 Regeln festgelegt worden.
– Danach fallen in **Klasse I** Produkte mit niedrigem Risiko, die bei sachgemäßem Einsatz keine absehbaren Krankheiten oder Verletzungen verursachen können, wie z. B. Verbandstoffe,
– **Klasse II** umfasst chirurgische Geräte, Zahnmaterial usw., wobei **IIa** den nicht aktiven Einmalartikel betrifft, während **IIb** für aktive, elektromedizinische Geräte (aber auch Produkte zur Empfängnisverhütung) gilt, und
– Klasse III beinhaltet sowohl aktive als auch nicht aktive Medizinprodukte mit hohem Risiko, wie z. B. Herzklappen, Herzschrittmacher usw.

Die **Hauptkriterien für die Produktklassifizierung** sind:
– Kontakt oder Wechselwirkungen mit dem menschlichen Körper,
– Kontakt mit verletzter Haut,
– die invasive Natur eines Produktes im Hinblick auf menschliche Körperöffnungen oder auf chirurgische Produkte,
– Implantation eines Produktes in den Körper,

- Kontakt mit lebenswichtigen Organen (Herz, Kreislauf, Zentralnervensystem) und die
- Abgabe von Energie oder Substanzen in oder an den Körper.

49 Ein wesentliches Merkmal der Klassifizierung stellt auch die Dauer der Anwendung dar:

- **vorübergehend:**
  Unter normalen Bedingungen für eine ununterbrochene Anwendung über einen Zeitraum von weniger als 60 Minuten bestimmt.
- **kurzzeitig:**
  Unter normalen Bedingungen für eine ununterbrochene Anwendung über einen Zeitraum von bis zu 30 Tagen bestimmt.
- **langzeitig:**
  Unter normalen Bedingungen für eine ununterbrochene Anwendung über einen Zeitraum von mehr als 30 Tagen bestimmt.

50 Die Anwendung der Regeln richtet sich nach der **Zweckbestimmung** der Produkte. Produktkombinationen und Zubehör werden unabhängig voneinander jeweils einzeln klassifiziert.

51 Die Konformitätsbewertungen für Produkte der Risikoklasse I können vom Hersteller selbständig durchgeführt werden[36]. Für Produkte der Risikoklassen II und III muss der Hersteller ein **förmliches Konformitätsbewertungsverfahren** durch eine Benannte Stelle durchführen lassen.

52 Eine **klinische Bewertung** im Zusammenhang mit der Risikoanalyse ist für Medizinprodukte aller Risikoklassen erforderlich. Die klinische Bewertung kann mit wissenschaftlichem Erkenntnismaterial (z. B. Literaturdaten) oder, wenn dies nicht ausreicht, mit Ergebnissen einer vom Hersteller veranlassten klinischen Prüfung erfolgen. Die Anforderungen an klinische Prüfungen sind in den §§ 20 bis 23 MPG geregelt (vgl. Abschnitt 4).

Für IvD ist an Stelle einer klinischen Bewertung eine **Leistungsbewertung** erforderlich. Diese kann ebenfalls auf wissenschaftliches Erkenntnismaterial oder auf die Ergebnisse einer Leistungsbewertungsprüfung gestützt werden. Die Anforderungen an eine Leistungsbewertungsprüfung sind grundsätzlich geringer als die an eine klinische Prüfung. Die Vorschriften der klinischen Prüfung finden nur Anwendung, wenn der Patient zusätzlich belastet wird durch invasive Probenahme, zusätz-

---

36 Artikel 11 Abs. 5 der Richtlinie 93/42/EWG des Rates über Medizinprodukte.

liche Untersuchungen oder bei Nichtvorliegen eines Referenzverfahrens (siehe 4.5).

Je nach Risikopotential des Erzeugnisses können unterschiedliche Verfahren (Module) des förmlichen Konformitätsnachweises festgelegt werden. Hierbei stehen **8 verschiedene Module** zur Verfügung, die miteinander kombiniert werden können, z. B. Herstellerbescheinigung, Baumusterprüfung, Qualitätssicherungssystem. Die Unterscheidung erfolgt nach folgenden Kriterien: 53

- Entwicklungsstufe des Produktes, z. B. Entwurf, Baumuster, Produktion,
- Art der jeweiligen Bewertung, z. B. Prüfung der Unterlagen, des Baumusters, Qualitätssicherung, Überwachung usw. sowie
- Bewertende Stelle: Der Hersteller selbst oder verschiedene dritte Stellen.

Bei diesen dritten Stellen handelt es sich um so genannte **Benannte Stellen**, die der staatlichen Überwachung unterliegen und nach gesetzlichen Vorgaben handeln. Die nach § 15 MPG zu benennenden Stellen sind national akkreditierte und bei der Kommission der Europäischen Gemeinschaften notifizierte **Zertifizierungsstellen**, welche die Kontrolle und Überwachung der Hersteller hinsichtlich der Einhaltung der Konformitätsbewertungsverfahren durchführen. Die Zulassung einer Benannten Stelle gemäß § 15 MPG erfolgt nach dem Nachweis der Kompetenz bei einer **Akkreditierungsstelle** durch das Bundesministerium für Gesundheit über eine Meldung an die EG-Kommission.[37] Medizinprodukte dürfen grundsätzlich nur in Verkehr gebracht werden, wenn sie ein derartiges Konformitätsbewertungsverfahren durchlaufen haben. 54

Mögliche Konformitätsbewertungsverfahren (Übersicht) 55

Modul der Konformitätsbewertung (Anhang EG-Richtlinie)	Klasse I	Klasse IIa	Klasse IIb	Klasse III
EG-Konformitätserklärung (VII)	•			
EG-Prüfung (IV)		• mit Konformitätserklärung (VII)	• mit Baumusterprüfung (III)	• mit Baumusterprüfung (III)
Qualitätssicherung Produkt (VI) nach EN 29 003		• mit Konformitätserklärung (VII)	• mit Baumusterprüfung (III)	• mit Baumusterprüfung (III)

---

37 Vgl. Benannte Stellen in Anhang II.

Modul der Konformitätsbewertung (Anhang EG-Richtlinie)	Klasse I	Klasse IIa	Klasse IIb	Klasse III
Qualitätssicherung Produktion (V) nach EN 29 002/EN 46 001		• mit Konformitätserklärung (VII)	• mit Baumusterprüfung (III)	• mit Baumusterprüfung (III)
Vollständiges Qualitätssicherungssystem (II) nach EN 29 001 und EN 46 001		• ohne Auslegungsprüfung	• ohne Auslegungsprüfung	• mit Auslegungsprüfung

Quelle: Kindler, M./Menke, W.: Medizinproduktegesetz – MPG, Kommentierte Ausgabe mit Arbeitshilfen, ecomed-Verlag, Landsberg 1995.

56 Konformitätsbewertungsverfahren

	Der Hersteller						Die benannte Stelle		
	hält bereit	legt vor	prüft	erklärt	bringt an	unterhält	prüft	stellt aus	überwacht
Modul A (Anh. 7) Konform.-erklärung	techn. Unterlagen		Produkt	Konformität	CE-Kennzeichnung				
Modul B (Anh. 3) Baumusterprüfung		techn. Unterlagen Baumuster					Baumuster	Baumuster-Prüfbescheinigung	
Modul C Bauart-Konform.			Produkt	Konformität	CE-Kennzeichnung				
Modul D (Anh. 5) QS-Produktion				Konformität	CE-Kennzeichnung	QSS nach EN 29002 EN 46002			QSS nach EN 29002 EN 46002
Modul E (Anh. 6) QS-Produkte				Konformität	CE-Kennzeichnung	QSS nach EN 29003			QSS nach EN 29003
Modul F (Anh. 4) Produktprüfung				Konformität	CE-Kennzeichnung		Baumuster	Konformitätsbescheinigung	

	Der Hersteller						Die benannte Stelle		
	hält bereit	legt vor	prüft	er- klärt	bringt an	unter- hält	prüft	stellt aus	über- wacht
Modul G Einzel- prüfung				Konfor- mität	CE- Kenn- zeich- nung		Bau- muster	Konfor- mitäts- be- scheini- gung	
Modul H (Anh. 2) umfass. QS-Sys- tem				Konfor- mität	CE- Kenn- zeich- nung	QSS nach EN 29001 EN 46001	Bau- muster		QSS nach EN 29001 EN 46001

Quelle: Kindler, M./Menke, W.: Medizinproduktegesetz – MPG, Kommentierte Ausgabe mit Arbeitshilfen, ecomed-Verlag, Landsberg 1995.

3.2 CE-Kennzeichnung

Nach Ablauf einer Übergangszeit fordert das Medizinproduktegesetz für alle Medizinprodukte eine **CE-Kennzeichnung** als äußeres Merkmal für die Konformität (§ 6 Abs. 1 MPG). Seit dem 15. Juni 1998 müssen alle Medizinprodukte eine CE-Kennzeichnung tragen. (Ausnahme: bestimmte Quecksilberthermometer mit Übergangsfrist bis zum 30. Juni 2004, IvD mit einer Übergangsfrist bis zum 7. Dezember 2003 gefolgt von einer Abverkaufs- und Aufbrauchsfrist bis zum 7. Dezember 2005 und Sonderanfertigungen, Medizinprodukte aus In-Haus-Herstellung und Produkte zur klinischen Prüfung bzw. Leistungsbewertungsprüfung) Die CE-Kennzeichnung darf nur angebracht werden, wenn die grundlegenden Anforderungen erfüllt sind und das Konformitätsbewertungsverfahren in der jeweils vorgeschriebenen Form (siehe 3.1) durchgeführt worden ist (§ 6 Abs. 2 MPG). Die CE-Kennzeichnung muss deutlich sichtbar, gut leserlich und dauerhaft auf dem Produkt und ggf. auf der Handelspackung und der Gebrauchsanweisung angebracht werden. Ist das Medizinprodukt zu klein, lässt seine Beschaffenheit dies nicht zu oder ist es nicht zweckmäßig, muss die CE-Kennzeichnung nicht auf dem Produkt selbst angebracht werden. In § 10 MPG werden Sondervorschriften für das erstmalige Inverkehrbringen und die Inbetriebnahme von Systemen und Behandlungseinheiten sowie für das Sterilisieren von Medizinprodukten mit CE-Kennzeichnung aufgestellt.

Nach § 40 Abs. 1 Nr. 2 und 3 sowie nach § 41 Nr. 2 und 3 MPG stellen Verstöße gegen § 6 MPG nicht nur eine Ordnungswidrigkeit, sondern sogar eine Straftat dar.

3.3 Verbote zum Schutz von Patienten, Anwendern und Dritten

59 Das Medizinproduktegesetz enthält in § 4 MPG **grundsätzliche Verbote** zum Schutz von Patienten, Anwendern und Dritten. Demzufolge ist es verboten, Medizinprodukte in den Verkehr zu bringen, zu errichten, in Betrieb zu nehmen, zu betreiben oder zu verwenden, wenn:
- begründeter Verdacht besteht, dass sie die Sicherheit und die Gesundheit der Patienten, der Anwender oder Dritter bei sachgemäßer Anwendung, Instandhaltung und ihrer Zweckbestimmung entsprechenden Verwendung über ein nach den Erkenntnissen der medizinischen Wissenschaft vertretbares Maß hinausgehend gefährden (Abs. 1 Nr. 1) oder
- ihr Verfalldatum abgelaufen ist (Abs. 1 Nr. 2).

60 Darüber hinaus ist es verboten, Medizinprodukte in den Verkehr zu bringen, wenn sie mit **irreführender Bezeichnung**, **Angaben** oder **Aufmachung** versehen sind. Als Irreführung gilt insbesondere, wenn:
- Medizinprodukten eine Leistung beigelegt wird, die sie nicht haben,
- fälschlich der Eindruck erweckt wird, dass ein Erfolg mit Sicherheit erwartet werden kann oder dass nach bestimmungsgemäßem oder längerem Gebrauch keine schädlichen Wirkungen eintreten, und
- zur Täuschung über die in den grundlegenden Anforderungen nach § 7 MPG festgelegten Produkteigenschaften geeignete Bezeichnungen, Angaben oder Aufmachungen verwendet werden, die für die Bewertung des Medizinproduktes mitbestimmend sind.

61 Die Verbote des § 4 MPG dienen vor allem dem Schutz vor Gefahren für Leib und Leben sowie Gesundheit, die von Medizinprodukten ausgehen. Nach § 3 MPG richten sich diese Verbote an diejenigen, die eine Tätigkeit im Sinne dieser Vorschrift ausüben. Zu den Adressaten gehören einerseits Errichter, Betreiber und Anwender von Medizinprodukten, andererseits gehören hierzu Hersteller, Großhändler, Händler und Apotheker, die Medizinprodukte im Sinne von § 3 Nr. 11 MPG in Verkehr bringen oder Errichter, Betreiber und Anwender, die ein Medizinprodukt besitzen, gewerblich oder zu wirtschaftlichen Zwecken verwenden.

62 Normadressat ist aber auch derjenige, welcher im Gefahrbereich von Medizinprodukten als Arbeitgeber tätig ist. Anwender sind nur Adressaten dieses Verbots, sofern sie als Betreiber ein Medizinprodukt handha-

ben. Das Verbot des § 4 MPG kann aber auch erst im Verlauf des Vertriebsweges nach dem erstmaligen Inverkehrbringen wirksam werden[38].

Nach den **Straf- und Bußgeldvorschriften** des 8. Abschnitts kann mit Freiheitsstrafe bis zu 3 Jahren oder mit Geldstrafe bestraft werden, wer entgegen § 4 Abs. 1 Nr. 1 und Abs. 2 Satz 1 und Satz 2 MPG ein Medizinprodukt in den Verkehr bringt, errichtet oder in Betrieb nimmt. Der fahrlässige Verstoß ist nach § 40 Abs. 4 MPG strafbewehrt. Das Inverkehrbringen, Errichten, Inbetriebnehmen, Betreiben und Anwenden trotz Ablauf des Verfalldatums wird nach § 42 Abs. 2 Nr. 1 MPG mit Geldbuße bis zu 25.000,00 € geahndet (§ 42 Abs. 3 MPG). 63

Wie zuvor dargelegt (siehe 2.2) ist Anwender i. S. d. Medizinproduktegesetzes nur der **professionelle Anwender**. Die Nutzung eines Verbandskastens fällt nur im gewerblichen Bereich unter die Vorschrift des § 4 MPG. 64

Zu beachten ist hierbei jedoch, dass diese Vorschrift von der Unfallverhütungsvorschrift Erste Hilfe (BGV A 5) zu unterscheiden ist. Danach sind einzelne Verstöße gegen diese Unfallverhütungsvorschriften bußgeldbewehrt, wobei jedoch die Bereitstellung des Erste-Hilfe-Materials (§ 5 UVV) nicht genannt ist.[39] 65

Nicht erfasst wird durch die Straf- und Bußgeldvorschriften der §§ 40 bis 42 MPG, wenn **Anwender entgegen der Zweckbestimmung des Herstellers** ein Medizinprodukt betreiben oder anwenden. Die Verbotsnorm des § 4 MPG erfasst nur die Nutzung von Medizinprodukten bei Gesundheitsgefährdung oder über das Verfalldatum hinaus. Auch in den anderen Vorschriften findet sich kein Verbot hinsichtlich der Anwendung von Medizinprodukten entgegen ihrer Zweckbestimmung. 66

Das Verbot des § 4 MPG betrifft nicht das Aufstellen von Medizinprodukten. Hierbei kann nur die Vorschrift des § 12 Abs. 4 MPG gelten, die erforderliche Vorkehrungen zum Schutz von Personen bei Ausstellungen vorschreibt. 67

4 Klinische Prüfung

Die Vorschriften der §§ 20 bis 22 MPG sind grundsätzlich bei allen klinischen Prüfungen zu beachten, unabhängig davon aus welchen Gründen 68

---

38 *Schlund, G. H.*: a. a. O., S. 235 (238).
39 Abweichende Regelungen können von den einzelnen Berufsgenossenschaften in den von ihnen umgesetzten Unfallverhütungsvorschriften getroffen werden.

die Prüfung durchgeführt wird. Sie gelten für alle Medizinprodukte mit Ausnahme von IvD, für die eine Leistungsbewertungsprüfung durchzuführen ist (siehe 4.5).

4.1 Allgemeine Voraussetzungen

69 Im vierten Abschnitt (§§ 20–22) des Medizinproduktegesetzes sind die Voraussetzungen für die klinische Prüfung geregelt. Die klinische Prüfung eines Medizinproduktes darf bei einem Menschen nur durchgeführt werden, wenn und solange die Risiken für die betreffende Person bei der sie durchgeführt werden soll, gemessen an der voraussichtlichen Bedeutung des Medizinproduktes für die Heilkunde ärztlich vertretbar sind und die betreffende Person, bei der sie durchgeführt werden soll, ihre Einwilligung selbst und schriftlich hierzu erteilt hat, nachdem sie durch den Arzt über Wesen, Bedeutung und Tragweite der klinischen Prüfung aufgeklärt worden ist (§ 20 Abs. 1 Ziffer 1–2 MPG).

70 Darüber hinaus darf die Person, bei der die klinische Prüfung durchgeführt werden soll, nicht auf gerichtliche oder behördliche Anordnung in einer Anstalt verwahrt sein. Die klinische Prüfung muss von einem entsprechend qualifizierten und spezialisierten Arzt oder einer sonstigen entsprechend qualifizierten Person geleitet werden, die mindestens zweijährige Erfahrung in der klinischen Prüfung von Medizinprodukten nachweisen kann.

71 Vorab müssen entsprechende **Sicherheitsprüfungen** durchgeführt und der Prüfleiter über deren Ergebnisse sowie die voraussichtlich noch bestehenden Risiken informiert werden. Es muss ein **Prüfplan** gemäß dem jeweiligen Stand der wissenschaftlichen Erkenntnisse vorhanden sein und eine entsprechende **Haftpflichtversicherung** abgeschlossen werden (§ 20 Abs. 1, Ziffer 3–9 MPG).

72 Diese Haftpflichtversicherung muss gemäß § 20 Abs. 3 MPG zu Gunsten der von der klinischen Prüfung betroffenen Person bei einem in der Bundesrepublik Deutschland zugelassenen Versicherer bestehen. Ihr Umfang muss in einem angemessenem Verhältnis zu den mit der klinischen Prüfung verbundenen Risiken stehen und für den Fall des Todes oder der dauernden Erwerbsunfähigkeit des Probanden mindestens 500 000 Euro betragen. Ein Anspruch auf Schadensersatz gegen den die klinische Prüfung durchführenden Arzt erlischt, soweit aus der Versicherung geleistet wird. Es liegen vom HUK-Verband **allgemeine Versicherungsbedingungen für klinische Prüfungen von Medizinprodukten** nach dem Medizinproduktegesetz vor, so dass die geforderte Versicherung seit 1995 auch tatsächlich abgeschlossen werden kann.

Verstöße gegen die allgemeinen und besonderen Voraussetzungen der 73
klinischen Prüfung können als Straftaten oder Ordnungswidrigkeiten
geahndet werden. So wird nach § 41 Nr. 4 MPG mit Freiheitsstrafe bis zu
einem Jahr oder mit Geldstrafe bestraft, wer entgegen § 20 Abs. 1 Nr. 1
bis 6 oder 9, jeweils auch in Verbindung mit Abs. 4 oder 5 oder § 21 Nr. 1,
oder entgegen § 20 Abs. 7 Satz 1 eine klinische Prüfung durchführt.

Eine Ordnungswidrigkeit stellt nach § 42 Abs. 2 Nr. 10 die Durchfüh- 74
rung einer klinischen Prüfung entgegen § 20 Abs. 1 Nr. 7 oder Nr. 8, jeweils auch in Verbindung mit § 21 Nr. 1, MPG dar.

4.2 Besondere Voraussetzungen

Für eine klinische Prüfung bei Minderjährigen sowie bei Schwangeren 75
oder Stillenden gelten besondere Voraussetzungen (§ 20 Abs. 4 und 5
MPG).

Bei einer **klinischen Prüfung mit Minderjährigen** muss das Medizinpro- 76
dukt zur Erkennung oder zur Verhütung von Krankheiten bei Minderjährigen bestimmt sein. Die Anwendung des Medizinproduktes muss nach
den Erkenntnissen der medizinischen Wissenschaft angezeigt sein, um
bei dem Minderjährigen Krankheiten zu erkennen oder ihn vor Krankheiten zu schützen. Darüber hinaus darf die Prüfung an Erwachsenen
nach den Erkenntnissen der medizinischen Wissenschaft keine ausreichenden Prüfergebnisse erwarten lassen. Es muss eine Einwilligung
durch den gesetzlichen Vertreter oder Betreuer vorliegen, der über die Bedeutung und Tragweite der klinischen Prüfung aufgeklärt worden ist.
Wenn der Minderjährige die ausreichende Einsichtsfähigkeit besitzt, ist
dessen schriftliche Einwilligung ebenfalls erforderlich.

Bei einer **klinischen Prüfung an Schwangeren oder Stillenden** muss das 77
Medizinprodukt dazu bestimmt sein, bei schwangeren oder stillenden
Frauen oder bei einem ungeborenen Kind Krankheiten zu verhüten, zu
erkennen, zu heilen oder zu lindern. Auch bei diesem Personenkreis
muss die Anwendung nach den Erkenntnissen der medizinischen Wissenschaft angezeigt sein. Im Übrigen darf die Durchführung der klinischen Prüfung für das ungeborene Kind keine unvertretbaren Risiken erwarten lassen.

Schließlich gelten nach § 21 MPG noch besondere Vorschriften für die 78
**klinische Prüfung an Personen, die an einer Krankheit leiden, zu deren
Behebung das zu prüfende Produkt angewendet werden soll.** In diesen
Fällen kann die Prüfung auch bei geschäftsunfähigen oder beschränkt ge-

schäftsfähigen Personen durchgeführt werden, wenn eine Einwilligung des gesetzlichen Vertreters vorliegt.

79 Wenn das Medizinprodukt, mit dem eine klinische Prüfung durchgeführt werden soll, bereits eine CE-Kennzeichnung gemäß den §§ 6–10 MPG trägt bzw. tragen darf, gilt die Ausnahmeregelung des § 23 MPG. Danach finden in diesem Fall die besonderen Vorschriften der §§ 20 und 21 MPG keine Anwendung.

4.3 Durchführung der klinischen Prüfung

80 Vor der Aufnahme der klinischen Prüfung muss der Auftraggeber diese der für ihn zuständigen Landesbehörde oder der nach § 26 Abs. 2 MPG zuständigen Bundesoberbehörde anzeigen (§ 20 Abs. 6 MPG) und den Prüfplan vorlegen. Soweit keine zustimmende Stellungnahme einer **Ethikkommission** zu dem Prüfplan vorliegt, kann der Hersteller mit der betreffenden klinischen Prüfung nach Ablauf einer Frist von 60 Tagen seit der Anzeige beginnen. Dies gilt jedoch nicht, wenn die zuständige Behörde innerhalb dieser Frist eine auf Gründe der öffentlichen Gesundheit oder der öffentlichen Ordnung gestützte gegenteilige Entscheidung mitteilt. Bei multizentrischen Prüfungen genügt ein Votum der Ethikkommission. Diese Regelung konkretisiert insoweit die allgemeine Anzeigepflicht des § 25 Abs. 1 MPG. Die Anzeige muss bei aktiven implantierbaren Medizinprodukten die Angaben nach Nummer 2.2 des Anhangs 6 der Richtlinie 90/385/EWG und bei sonstigen Medizinprodukten die Angaben nach Nummer 2.2 des Anhangs VII der Richtlinie 93/42/EWG enthalten.

4.4 Ethikkommission

81 Auch wenn die Einschaltung einer Ethikkommission vor Aufnahme der klinischen Prüfung nicht ausdrücklich vorgeschrieben ist, so ist jedoch ein Arzt, der diese Prüfung durchführt, nach dem Standesrecht hierzu verpflichtet. Bei Prüfungen an Hochschulen bestehen hierzu entsprechende Regelungen im Satzungsrecht der Universitäten.

82 Nach § 20 Abs. 8 MPG ist es die Aufgabe der Ethikkommission, den Prüfplan mit den erforderlichen Unterlagen, insbesondere nach ethischen und rechtlichen Gesichtspunkten zu beraten. Die Ethikkommission besteht gemäß § 20 Abs. 7 MPG aus mindestens 5 Mitgliedern und muss unabhängig sowie interdisziplinär besetzt sein. Sie wird bei der zuständigen obersten Bundesbehörde registriert. Wobei aber eine **Registrierung** nur erfolgt, wenn in einer veröffentlichten Verfahrensordnung die

Mitglieder, die aus medizinischen Sachverständigen sowie nicht-medizinischen Mitgliedern bestehen und die die erforderlichen Fachkompetenzen aufweisen, das Verfahren der Ethikkommission, die Anschrift und eine angemessene Vergütung aufgeführt sind und diese Verfahrensordnung der obersten Bundesbehörde vorgelegt wird.

4.5 Leistungsbewertungsprüfung bei In-vitro-Diagnostika

Für die diagnostische Bewertung und Erprobung von **In-vitro-Diagnostika** sind im Rahmen der Umsetzung der diesbezüglichen Richtlinien besondere Regelungen erforderlich geworden. Eine analoge Anwendung der Vorschriften zur klinischen Prüfung ist ausgeschlossen, da die Zweckbestimmung eines IvD (Messung eines bestimmten Analyten) häufig keine klinische Aussage enthält (Entscheidung über den klinischen Wert und den Einsatz eines Produktes im Einzelfall erfolgt durch die Fachkreise) und die mit der Anwendung von neuen Medizinprodukten am oder im menschlichen Körper verbundenen ethischen Probleme bei der Erprobung von IvD in dieser Form nicht auftreten. 83

So ist für IvD anstelle einer klinischen Prüfung eine **Leistungsbewertungsprüfung** durchzuführen, die nur in besonderen Fällen der klinischen Prüfung vergleichbare Anforderungen zu erfüllen hat. Nach § 24 MPG finden die Vorschriften des § 20 Abs. 1 bis 5, 7 und 8 MPG nur in den Fällen entsprechende Anwendung, 84

- in denen eine invasive Probenentnahme ausschließlich oder in zusätzlicher Menge zum Zwecke der Leistungsbewertung eines IvD erfolgt,
- in denen im Rahmen der Leistungsbewertungsprüfung zusätzlich invasive oder andere belastende Untersuchungen durchgeführt werden oder
- in denen die im Rahmen der Leistungsbewertung erhaltenen Ergebnisse für die Diagnostik verwendet werden sollen, ohne dass sie mit etablierten Verfahren bestätigt werden können. Ansonsten ist eine Einwilligung der Person, von der Proben entnommen werden, nur erforderlich, soweit das Persönlichkeitsrecht oder finanzielle Interessen betroffen sind.

Verstöße gegen die allgemeinen und besonderen Voraussetzungen der Leistungsbewertungsprüfung können als Straftat geahndet werden. So wird nach § 41 Nr. 5 MPG mit Freiheitsstrafe bis zu einem Jahr oder mit Geldstrafe bestraft, wer entgegen § 24 Abs. 1 Satz 1 in Verbindung mit 85

§ 20 Abs. 1 Nr. 1 bis 6 oder 9, Abs. 4 oder 5 eine Leistungsbewertungsprüfung durchführt.

5 Verordnung über das Errichten, Betreiben und Anwenden von Medizinprodukten

86 Die für den Betrieb von Medizinprodukten entscheidenden Vorschriften befinden sich in der Verordnung über das Errichten, Betreiben und Anwenden von Medizinprodukten (Medizinprodukte-Betreiber-Verordnung, siehe Anhang V/1), die am 7. Juli 1998 in Kraft getreten ist und mittlerweile in der Fassung vom 21. August 2002 vorliegt. Sie ist auf der Grundlage der Ermächtigungsnorm des § 37 Abs. 5 MPG erlassen worden. Durch diese Vorschriften soll die medizinische und technische Qualität von Medizinprodukten, die bei dem erstmaligen Inverkehrbringen vorgelegen haben, über die gesamte Lebensdauer der Anwendung hinweg gewährleistet werden.

5.1 Anwendungsbereich

87 Im Wesentlichen hat die Betreiberverordnung die bereits bestehenden Gesundheits- und Sicherheitsstandards übernommen, deren Anforderungen vorher in unterschiedlichen Rechtsvorschriften geregelt waren (MedGV, Eichordnung).[40] So weist die Betreiberverordnung viele mit der MedGV vergleichbare Regelungen auf, stellt jedoch auch neue Anforderungen, zum Beispiel an die Instandhaltung. Im Gegensatz zur MedGV enthält die Betreiberverordnung keine Vorschriften über das Inverkehrbringen, welches abschließend im MPG geregelt ist.

88 Die Betreiberverordnung gilt für das Errichten, Betreiben, Anwenden und Instandhalten von Medizinprodukten nach § 3 MPG (siehe auch 2.1.1. und 2.1.2) mit Ausnahme der Medizinprodukte zur klinischen Prüfung oder zur Leistungsbewertungsprüfung. **Errichten** umfasst die Aufstellung und den Einbau des erworbenen Medizinproduktes durch den Besitzer am vorgesehenen Verwendungsort sowie alle späteren Substanz erhaltenden Vorgänge wie Änderungen, Instandsetzungen oder das Auswechseln von Teilen.[41] Der Begriff **Betreiben** umfasst die Gesamtheit aller Vorgänge und Maßnahmen, die sich auf den Gebrauch und die

---

40 *Menke, W.*, Handbuch der Medizintechnik, Band I-7.1, Landsberg 1989, Stand November 1998, S. 36.
41 *Nöthlichs*, § 14 MPG, S. 1 f.

Nutzung eines Medizinproduktes beziehen.[42] Betreiber ist danach diejenige natürliche oder juristische Person, welche die organisatorischen Vorraussetzungen für die Einhaltung der Vorschriften schafft und die im Geschäftsverkehr anerkannte tatsächliche Sachherrschaft über das Medizinprodukt inne hat.[43] Entscheidend sind die Besitz- und nicht die Eigentumsverhältnisse, so dass zwar Krankenhäuser und Ärzte in ihren Arztpraxen aber nicht die Krankenkassen und Berufsgenossenschaften bei der leihweisen Abgabe von Hilfsmitteln an ihre Versicherten Betreiber im Sinne des MPG sind.[44] **Anwenden** ist gleichbedeutend mit der tatsächlichen, eigenverantwortlichen Nutzung eines Medizinprodukts im Rahmen seiner Zweckbestimmung durch medizinisch oder medizinisch-technisches Fachpersonal, also z. B. Ärzte und Pflegepersonal.[45] Zum Begriff **Instandhalten** siehe Ziffer 5.3.2. Die Verordnung ist gemäß § 1 Abs. 2 MPBetreibV anzuwenden für Medizinprodukte, die **gewerblichen oder wirtschaftlichen Zwecken** dienen und in deren Umfeld Arbeitnehmer beschäftigt werden. Gewerblichen Zwecken dient ein Medizinprodukt, wenn es in einem Gewerbebetrieb im Sinne einer auf Gewinnerzielung gerichteten und auf Dauer angelegten selbstständigen Tätigkeit eingesetzt wird.[46] Dagegen dient ein Medizinprodukt wirtschaftlichen Zwecken, wenn es in einer wirtschaftlichen Unternehmung verwendet wird, bei der die Tätigkeit nicht zwingend auf Gewinnerzielung ausgerichtet sein muss.[47]

5.2 Allgemeine Anforderungen

In § 2 MPBetreibV werden sowohl sachbezogene als auch personenbezogene allgemeine Sicherheitsanforderungen an die Errichtung, den Betrieb, die Anwendung und die Instandhaltung von Medizinprodukten gestellt. So dürfen Medizinprodukte nur entsprechend ihrer Zweckbestimmung, nach den Vorschriften der MPBetreibV und unter Beachtung der **allgemein anerkannten Regeln der Technik**[48] sowie der Arbeitsschutz-

89

---

42 *Nöthlichs*, § 14 MPG, S. 2.
43 *Menke, W.*, Handbuch der Medizintechnik, Band I-7.1, Stand November 1998, S. 25 f.
44 So auch das Urteil des *Nds. OVG* vom 17. 09. 2002; anderer Ansicht in der Literatur: *Schorn*, Medizinprodukt-Recht, B 16/4.; *Baumann*, Medizinproduktejournal, 1999, S,3.
45 *Nöthlichs*, § 14 MPG, S. 3.
46 *Nöthlichs*, § 1 MPBetreibV, S. 2.
47 *Nöthlichs*, § 1 MPBetreibV, S. 3.
48 Regeln der Technik sind Empfehlungen von Sachverständigen, welches von mehreren möglichen technischen Mitteln gewählt werden soll, um ein be-

und Unfallverhütungsvorschriften[49] errichtet, betrieben, angewendet und in Stand gesetzt werden. Es wird außerdem auf die Einhaltung der Bestimmungen der Verordnung über elektrische Anlagen in explosionsgefährdeten Bereichen hingewiesen.

90 Daneben sind auch die §§ 4 Abs. 1 und 14 MPG zu beachten. Nach § 14 MPG dürfen Medizinprodukte nur nach Maßgabe der Betreiberverordnung errichtet, betrieben, angewendet und in Stand gehalten werden. Sie dürfen nicht betrieben und angewendet werden, wenn sie Mängel aufweisen, durch die Patienten, Beschäftigte oder Dritte gefährdet werden können.

91 Nach § 40 Abs. 1 Nr. 4 MPG wird mit Freiheitsstrafe bis zu drei Jahren oder Geldstrafe bestraft, wer entgegen § 14 Satz 2 MPG ein Medizinprodukt betreibt oder anwendet.

Betreiber und Anwender handeln außerdem ordnungswidrig im Sinne des § 13 MPBetreibV i. V. m. § 42 Abs. 2 Nr. 16 MPG, wenn sie vorsätzlich oder fahrlässig gegen die dort genannten Vorschriften verstoßen, und können mit einem Ordnungsgeld in Höhe von bis zu 25.000 € belegt werden.

92 Nach § 3 MPBetreibV sind die Meldepflichten und sonstige Verpflichtungen für Betreiber und Anwender, die sich aus der Sicherheitsplanverordnung ergeben, zu beachten. Danach sind **Vorkommnisse** mit Medizinprodukten unverzüglich dem Bundesinstitut für Arzneimittel und Medizinprodukte zu melden. Dieses gibt die Meldung unverzüglich weiter an die für den Betreiber zuständige Behörde und informiert den Hersteller sowie die für den Hersteller zuständige Behörde. Zuständig sind die jeweiligen Landesbehörden (siehe Ziffer 6.1) Zur Meldung ist nicht nur der Betreiber, sondern auch der Anwender verpflichtet. Anlass der Meldung ist

- jede Funktionsstörung und jeder Ausfall,
- jede Änderung der Merkmale oder der Leistungen

---

stimmtes Ziel der angewandten Technik zu erreichen. Als allgemein anerkannt gelten solche Regeln, wenn Fachleute, die sie anwenden, davon überzeugt sind, dass die Regeln den sicherheitstechnischen Anforderungen genügen. Auszugehen ist von der in Fachkreisen gebildeten Durchschnittsmeinung. Darüber hinaus muss die technische Regel praxiserprobt und bewährt sein; *Nöthlichs*, § 2 MPBetreibV, S. 4. sowie *BVerfG*, NJW 1979 S. 359/362.

49 Hier sei insbesondere hingewiesen auf BGV A1 Allgemeine Vorschriften, BGV A2 Elektrische Anlagen und Betriebsmittel, BGV D4 Kälteanlagen, Wärmepumpen und Kühleinrichtungen, BGV B6 Gase, BGV B7 Sauerstoff, BGV B2 Laserstrahlung und BGV C8 Gesundheitsdienst.

– sowie jede Unsachgemäßheit der Kennzeichnung oder der Gebrauchsanweisung

eines Medizinproduktes, die zum Tode oder zu einer schwerwiegenden Verschlechterung des Gesundheitszustandes des Patienten, eines Beschäftigten oder eines Dritten geführt hat (Vorkommnis) oder hätte führen können (Beinahe-Vorkommnis).

5.3 Betreiberpflichten

5.3.1 Allgemeine Pflichten

Der Betreiber trägt die Verantwortung für den ordnungsgemäßen Betrieb des Medizinproduktes unter Beachtung der vom Hersteller mitgelieferten Hinweise und kann aufgrund von Ordnungswidrigkeits- und Straftatbeständen bei Nichteinhaltung bestimmter Vorschriften belangt werden (siehe 5.2). 93

Er hat nach § 2 Abs. 1 MPBetreibV dafür zu sorgen, dass Medizinprodukte nur ihrer Zweckbestimmung entsprechend und nach den Vorschriften der Betreiberverordnung, den allgemein anerkannten Regeln der Technik sowie den Arbeitsschutz- und Unfallverhütungsvorschriften errichtet, betrieben, angewendet und in Stand gehalten werden. Er darf nur Personen mit dem Errichten, Anwenden und Instandhalten von Medizinprodukten beauftragen, die dafür die erforderliche Ausbildung oder Kenntnis und Erfahrung besitzen (§ 2 Abs. 2 MPBetreibV). 94

5.3.2 Instandhaltung

Die Betreiberverordnung gilt seit dem 2. ÄndG des MPG nicht nur für das Errichten, Betreiben und Anwenden sondern auch für das Instandhalten. Der Begriff des Instandhaltens umfasst die Wartung, Inspektion, Instandsetzung und Aufbereitung von Medizinprodukten (§ 4 Abs. 1 MPBetreibV). Der Betreiber darf nur Personen, Betriebe oder Einrichtungen mit der Instandhaltung von Medizinprodukten beauftragen, die die Sachkenntnis, die erforderlichen Mittel und die Voraussetzungen nach § 4 Abs. 3 MPBetreibV besitzen. Nach Wartung und Instandsetzung müssen die für die Sicherheit und Funktionstüchtigkeit wesentlichen konstruktiven und funktionellen Merkmale geprüft werden, soweit sie durch Instandhaltungsmaßnahmen beeinflusst werden können. Die Aufbereitung ist mittels **validierter Verfahren** durchzuführen (siehe 2.2). 95

5.3.3 Weitergehende Pflichten

96 Für bestimmte Gruppen von Medizinprodukten enthält die Betreiberverordnung weitergehende Pflichten, die aufgrund des erhöhten Risikopotenzials zum Schutz des Anwenders und Patienten vom Betreiber zu erfüllen sind.

97 Dazu zählen die **aktiven Medizinprodukte**, für welche die Betreiberverordnung in Abschnitt 2 spezielle Vorschriften enthält. Danach hat der Betreiber gemäß § 9 Abs. 1 MPBetreibV dafür zu sorgen, dass die **Gebrauchsanweisungen** und die dem Medizinprodukt beigefügten Hinweise so aufbewahrt werden, dass die für die Anwendung des Medizinproduktes erforderlichen Angaben dem Anwender jederzeit zugänglich sind. Außerdem hat der Betreiber **sicherheitstechnische Kontrollen** (STK) für alle aktiven Medizinprodukte, für die der Hersteller Maßnahmen im Sinne einer sicherheitstechnischen Kontrolle vorgeschrieben hat oder in Anlage 1 der MPBetreibV benannt sind, nach Maßgabe des § 6 Abs. 1 MPBetreibV durchzuführen. Über die Durchführung der STK ist ein Protokoll anzufertigen, dass zumindest bis zur nächsten STK aufbewahrt werden muss. Der Betreiber darf nur Personen mit der Durchführung beauftragen, welche die Voraussetzungen nach § 6 Abs. 4 MPBetreibV erfüllen.[50] Auf Verlangen muss er dies der zuständigen Behörde gegenüber nachweisen. Zuständig ist die jeweilige Landesbehörde (siehe 6.1) Die MPBetreibV sieht keine bestimmten Prüffristen vor. Sofern der Hersteller keine Angaben gemacht hat, ist die Festlegung der Fristen dem Betreiber überlassen, wobei dieser von den **allgemein anerkannten Regeln der Technik** (siehe 5.2) auszugehen hat und die in der Anlage 1 angegebene Maximalfrist von 2 Jahren nicht überschritten werden darf. Zusätzlich sind gemäß § 2 Abs. 8 MPBetreibV die Vorschriften zu den wiederkehrenden Prüfungen von Medizinprodukten nach den Unfallverhütungsvorschriften (BGV A2) zu beachten. Ist ihr Prüfungsumfang jedoch in den STK enthalten, kann auf die Prüfung nach der Unfallverhütungsvorschrift verzichtet werden.

98 Die **Medizinprodukte nach Anlage 1** besitzen besonderes Gefahrenpotential beim Betrieb und bei der Anwendung. Dies sind im Wesentlichen die früheren medizinisch-technischen Geräte nach Gruppe 1 der

---

50 An die Qualifikation des Prüfers werden erhöhte Anforderungen gestellt. Er muss die erforderliche Ausbildung in Form eines abgeschlossenen Studiums in einer entsprechenden Fachrichtung oder eine andere Ausbildung, die in gleicher Weise befähigt, besitzen. Zusätzlich benötigt er für das jeweils zu prüfende Gerät die erforderlichen Kenntnisse und durch praktische Tätigkeit von in der Regel zwei Jahren gewonnene Erfahrungen.

Verordnung über das Errichten, Betreiben und Anwenden von Medizinprodukten

MedGV. Der Betreiber darf ein Medizinprodukt der Anlage 1 gemäß § 5 Abs. 1 MPBetreibV nur betreiben, wenn vor der erstmaligen Inbetriebnahme der Hersteller oder eine dazu befugte Person, die im Einvernehmen mit dem Hersteller handelt, dieses Medizinprodukt einer **Funktionsprüfung** am Betriebsort unterzieht und die **Einweisung** einer vom Betreiber beauftragten Person vornimmt. Die Einweisung ist anhand der Gebrauchsanweisung sowie beigefügter sicherheitsbezogener Informationen und Instandhaltungshinweise durchzuführen und umfasst die sachgerechte Handhabung, Anwendung und Betrieb des Medizinproduktes sowie die zulässige Verbindung mit anderen Medizinprodukten, Gegenständen und Zubehör. Eine solche Einweisung ist nicht erforderlich, wenn diese für ein baugleiches Medizinprodukt bereits erfolgt ist. Außerdem ist jeder Anwender entweder vom Hersteller oder von der beauftragten Person in die sachgerechte Handhabung des Medizinproduktes einzuweisen. Darüber hinaus ist die STK für alle Medizinprodukte der Anlage 1 durchzuführen.

Für **Medizinprodukte mit Messfunktion** enthält der Abschnitt 3 der Betreiberverordnung spezielle Vorschriften. Danach hat der Betreiber **messtechnische Kontrollen** (MTK) für die in Anlage 2 aufgeführten Medizinprodukte sowie für die Medizinprodukte, für die der Hersteller solche Kontrollen vorsieht, nach Maßgabe des § 11 Abs. 3 und 4 MPBetreibV durchzuführen. Durch die messtechnische Kontrolle wird festgestellt, ob das Medizinprodukt die zulässigen maximalen Messabweichungen (Fehlergrenzen) einhält, wobei die vom Hersteller in der Gebrauchsanweisung angegeben Fehlergrenzen zugrunde gelegt werden. Sind keine Angaben enthalten, so ist von den in **harmonisierten Normen**[51] festgelegten Fehlergrenzen oder bei Nichtvorliegen solcher Normen vom **Stand der Technik**[52] auszugehen. Der Betreiber darf mit der

99

---

[51] Es handelt sich dabei um technische Spezifikationen, die von den europäischen Normungsorganisationen auf Grund eines von der EU-Kommission nach Anhörung der Mitgliedstaaten erteilten Auftrags gemäß allgemeiner Leitlinien erarbeitet werden; *Nöthlichs*, § 8 MPG, S. 2; siehe auch Definition § 3 Nr. 18 MPG.

[52] Stand der Technik ist der Entwicklungsstand fortschrittlicher Verfahren, Einrichtungen und Betriebsweisen, der nach herrschender Auffassung der führenden Fachleute die Erreichung des gesetzlich vorgegebenen Ziels gesichert erscheinen lässt. Vom Rechtsanwender wird also erwartet, dass er in die Meinungsstreitigkeiten der Techniker eintritt, um ermitteln zu können, was technisch notwendig, geeignet, angemessen und vermeidbar ist. Damit geht die Forderung nach dem Stand der Technik noch über die nach den allgemein anerkannten Regeln der Technik hinaus. *Nöthlichs*, § 20 MPG, S. 8; *BVerfG* B. v. 8.8.78 NJW 1979, 359 ff.

Durchführung nur für das Messwesen zuständige Behörden oder Personen beauftragen, die die Voraussetzungen des § 6 Abs. 4 MPBetreibV erfüllen. Zuständige Behörden sind die Eichämter bzw. Landeseichdirektionen. Das Ergebnis der messtechnischen Kontrolle ist in das Medizinproduktebuch einzutragen und das Medizinprodukt ist mit einem Zeichen zu kennzeichnen, aus welchem das Jahr der nächsten messtechnischen Kontrolle, die Behörde oder Person, welche die Kontrolle durchgeführt haben, eindeutig und rückverfolgbar hervorgehen. Die Prüffristen sind, sofern Angaben vom Hersteller fehlen, für die in Anlage 2 aufgeführten Medizinprodukte in den dort genannten Zeitabständen, durchzuführen und für die übrigen Medizinprodukte mit Messfunktion gemäß § 11 Abs. 4 MPBetreibV spätestens nach 2 Jahren.

100 Für **aktive implantierbare Medizinprodukte** sind in der Betreiberverordnung besondere Anforderungen zum Schutz des Patienten enthalten. Die für die Implantation verantwortliche Person hat nach § 10 MPBetreibV dem Patienten nach Abschluss der Implantation eines aktiven Medizinproduktes eine schriftliche Information auszuhändigen, in der die für seine Sicherheit notwendigen Verhaltensweisen in allgemein verständlicher Weise enthalten sind. Entsprechendes gilt für Angaben darüber, welche Maßnahmen bei einem Vorkommnis mit dem Medizinprodukt zu treffen sind und in welchen Fällen ein Arzt aufgesucht werden sollte. Ebenso sind die wesentlichen Ergebnisse der Kontrolluntersuchungen in der **Patienteninformation** zu vermerken. Damit entsprechen die Angaben im Wesentlichen der nach MedGV geforderten Begleitkarte.

5.3.4 Dokumentationspflichten

101 Für jedes in Anlage 1 und 2 der Betreiberverordnung aufgeführte Medizinprodukt hat der Betreiber ein **Medizinproduktebuch** zu führen und die in § 7 Abs. 2 MPBetreibV bezeichneten Angaben einzutragen. Davon ausgenommen sind elektronische Fieberthermometer als Kompaktthermometer und Blutdruckmessgeräte mit Quecksilber- oder Aneoridmanometer zur nichtinvasiven Messung. Das Medizinproduktebuch ist so aufzubewahren, dass es dem Anwender während seiner Arbeitszeit zugänglich ist (§ 9 Abs. 2 MPBetreibV). Die zuständige Behörde kann jederzeit vom Betreiber Einsicht verlangen. Zuständig sind die Landesbehörden (siehe 6.1).

102 Für alle aktiven nicht implantierbaren Medizinprodukte der jeweiligen Betriebsstätte hat der Betreiber ein **Bestandsverzeichnis** zu führen. Darin sind die in § 8 Abs. 2 MPBetreibV aufgezählten Angaben einzutragen. Das Bestandsverzeichnis kann zusammen mit einem nach anderen Vor-

schriften geführten Verzeichnis geführt werden. Der Betreiber hat der zuständigen Behörde jederzeit Einsicht in das Bestandverzeichnis zu gewähren. Auf Antrag des Betreibers kann die zuständige Behörde eine Befreiung von der Pflicht zur Führung eines Bestandsverzeichnisses oder von der Aufnahme bestimmter Medizinprodukte in dieses Verzeichnis erteilen. Zuständig ist die jeweilige Landesbehörde (siehe 6.1).

5.4 Anwenderpflichten

Der Anwender ist aufgrund der Betreiberverordnung Adressat umfangreicher Pflichten. Im Umgang mit Medizinprodukten trägt der Anwender im Rahmen seiner Tätigkeit die Verantwortung, welche durch die Aufnahme von Ordnungswidrigkeits- und Straftatbeständen in Zusammenhang mit der Anwendung (siehe 5.2.) unterstrichen wird. 103

So dürfen gemäß § 2 Abs. 2 MPBetreibV Medizinprodukte nur von Personen angewendet werden, die über die dafür erforderliche Ausbildung oder Kenntnis sowie Erfahrung verfügen und vom Betreiber dazu beauftragt worden sind. 104

Medizinprodukte dürfen nur entsprechend ihrer vom Hersteller festgelegten Zweckbestimmung angewendet werden, welche sich in der Regel aus der Gebrauchsanweisung ergibt (§ 2 Abs. 1 MPBetreibV). Medizinprodukte mit Messfunktion dürfen nur unter Einhaltung der Fehlergrenzen angewendet werden (§ 2 Abs. 6 MPBetreibV).

Nach § 2 Abs. 5 MPBetreibV muss der Anwender sich vor jeder Anwendung von der Funktionsfähigkeit und dem ordnungsgemäßen Zustand überzeugen und die Gebrauchsanweisung sowie die sonstigen beigefügten sicherheitsbezogenen Informationen und Instandhaltungshinweise beachten. Dies gilt auch, wenn Medizinprodukte in Verbindung mit Zubehör, anderen Medizinprodukten oder anderen Gegenständen angewendet werden. 105

Anwender unterliegen, soweit sie auch Beschäftigte sind, der Verpflichtung nach § 15 Abs. 1 Arbeitsschutzgesetz, an Unterweisungen (in diesem Fall die Einweisung für den Umgang mit Medizinprodukten) teilzunehmen und danach zu handeln. Für Medizinprodukte der Anlage 1 der MPBetreibV gelten darüber hinaus weitere Vorschriften, nach denen der Anwender dieser Medizinprodukte durch den Hersteller oder eine vom Betreiber im Rahmen der erstmaligen Inbetriebnahme beauftragte Person unter Berücksichtigung der Gebrauchsanweisung in die sachgerechte Handhabung eingewiesen werden muss (§ 5 Abs. 2 MPBetreibV).

5.5 Übergangsbestimmungen und Sondervorschriften

106 Alle Medizinprodukte sind nach der Betreiberverordnung anzuwenden und zu betreiben, unabhängig davon, aufgrund welcher gesetzlichen Grundlage (MPG, MedGV, AMG) sie in Verkehr gebracht wurden.[53] Für Medizinprodukte, die vor Inkrafttreten der Betreiberverordnung am 7. Juli 1998 in Betrieb genommen wurden, gibt es Übergangsbestimmungen und Sondervorschriften. Die **Übergangsvorschriften** nach § 14 MPBetreibV gelten für die nach dem MPG in Verkehr gebrachten oder in Betrieb genommenen Medizinprodukte. Für diese mussten bis zum 1. Januar 1999 die Funktionsprüfung und Einweisung, die sicherheitstechnischen Kontrollen, das Medizinproduktebuch und das Bestandsverzeichnis sowie die messtechnischen Kontrollen durchgeführt oder eingerichtet werden. Die **Sondervorschriften** nach § 15 MPBetreibV gelten für die nach den Vorschriften der MedGV in Verkehr gebrachten Medizinprodukte. Danach dürfen medizinisch-technische Geräte der Gruppe 1 nach MedGV nur betrieben werden, wenn sie der Bauart nach zugelassen sind oder eine gültige Bescheinigung nach § 28 MedGV besitzen (Nr. 1). Altgeräte mit Ausnahmegenehmigung dürfen entsprechend dieser Genehmigung weiter betrieben werden (Nr. 3). Geräte der Gruppen 1 und 3 der MedGV dürfen nur von Personen betrieben werden, die sachgemäß eingewiesen wurden (Nr. 5). Bestandsverzeichnisse und Gerätebücher nach MedGV dürfen weiter geführt werden und gelten als Bestandsverzeichnis und Medizinproduktebuch entsprechend der MPBetreibV (Nr. 8).

5.6 Weitere Verordnungen

107 Neben der Betreiberverordnung, die das Betreiben, Anwenden und Instandhalten von Medizinprodukten regelt, sind seit in Krafttreten des MPG noch weitere ausführende Verordnungen auf dieser Grundlage erlassen worden. Hierzu gehören:
- die **Medizinprodukte-Verordnung** (siehe Anhang V/2), welche die Konformitätsbewertung aller Medizinprodukte, die Sonderverfahren für Systeme und Behandlungseinheiten sowie die Durchführung von Anzeigen enthält,
- die **Verordnung über die Verschreibungspflicht** (siehe Anhang V/3),

---

53 *Menke, W.*, Handbuch der Medizintechnik, Band I-7.1, Landsberg 1989, Stand November 1998, S. 36.

- die **Vertriebswege-Verordnung** (siehe Anhang V/4), welche die Apothekenpflicht für Medizinprodukte, die verschreibungspflichtig sind oder in Anlage 1 der Verordnung aufgelistet sind, regelt,
- die Verordnung über das datenbankgestützte Informationssystem über Medizinprodukte des Deutschen Instituts für Medizinische Dokumentation und Information (**DIMDI –Verordnung**, siehe 6.1),
- die Verordnung über die Erfassung, Bewertung und Abwehr von Risiken bei Medizinprodukten (**Sicherheitsplan für Medizinprodukte,** siehe 6.2).

6 Beobachtung der im Verkehr befindlichen Medizinprodukte und Abwehr von Risiken

6.1 Anzeigepflicht

Das Medizinproduktegesetz hat zum Ziel, den Patienten, Anwender und Dritten beim Umgang mit Medizinprodukten zu schützen. Dies wird dadurch erreicht, dass nur qualitativ einwandfreie, sichere und geeignete Medizinprodukte in den Verkehr gelangen, errichtet, in den Betrieb genommen oder angewendet werden dürfen. Zu diesem Zwecke sind in § 4 MPG die bereits erläuterten Verbote (siehe Abschnitt 3.3) vorgesehen. **108**

In den §§ 25–31 MPG (5. Abschnitt) sind die Vorschriften zur Überwachung und zum Schutz vor Risiken geregelt. In § 25 MPG ist eine **allgemeine Anzeigepflicht** festgelegt. Danach ist der Verantwortliche im Sinne von § 5 MPG, der seinen Sitz in Deutschland hat und Medizinprodukte mit Ausnahme von Sonderanfertigungen nach § 3 Nr. 8 MPG erstmalig in den Verkehr bringt, verpflichtet, dies vor Aufnahme der Tätigkeit der zuständigen Behörde anzuzeigen. In dieser Anzeige müssen die Art der Tätigkeit und die Anschrift der Betriebsstätte oder Einrichtung sowie die dafür verantwortlichen Personen angegeben werden. Entsprechendes gilt seit dem 2. ÄndG für Betriebe und Einrichtungen, die Medizinprodukte, die bestimmungsgemäß keimarm oder steril zur Anwendung kommen, für andere aufbereiten. Bei der Anzeige vor dem erstmaligen Inverkehrbringen muss das Medizinprodukt bezeichnet werden. Nach § 25 Abs. 2 MPG ist eine Anzeige auch zu erstatten, wenn Medizinprodukte mit CE-Kennzeichen zu Systemen oder Behandlungseinheiten zusammengesetzt oder nach § 10 Abs. 3 MPG sterilisiert sind. Für IvD ist die allgemeine Anzeigepflicht gesondert in § 25 Abs. 3 MPG geregelt und umfasst spezielle Produktangaben. Dazu gehören: **109**

- technologische Merkmale und Analyten betreffende Angaben zu Reagenzien, Medizinprodukten mit Reagenzien und Kalibrier- und Kontrollmaterialien sowie bei sonstigen IvD die geeigneten Angaben
- Angaben zur Identifizierung der IvD, analytische und gegebenenfalls diagnostische Leistungsdaten, Ergebnisse der Leistungsbewertung sowie Angaben zu Bescheinigungen, wenn es sich um IVD gemäß Anhang II der Richtlinie 98/79/EG oder um IvD zur Eigenanwendung handelt
- bei einem „neuen In-vitro-Diagnostikum" im Sinne von § 3 Nr. 6 MPG zusätzlich die Angabe, dass es sich um ein „neues In-vitro-Diagnostikum" handelt.

Die Anzeigepflicht erfolgt gegenüber der zuständigen Landesbehörde, welche die Aufgaben an das **Deutsche Institut für medizinische Dokumentation und Information** (DIMDI) zur zentralen Erfassung, Aufbereitung und Nutzbarmachung weiterleitet. Nach § 33 MPG richtet dieses Institut ein datengestütztes Informationssystem über Medizinprodukte ein. Die Erhebung, Verarbeitung und Nutzung der Daten hinsichtlich Art und Umfang durch dieses Informationssystem ist in der DIMDI-Verordnung geregelt.

110 Die **Zuständigkeiten der Landesbehörden** werden durch spezielle Verordnungen der Bundesländer individuell festgelegt. In der Regel sind funktional zuständig:
- für nichtaktive Medizinprodukte: die Gesundheitsüberwachungsbehörden
- für aktive Medizinprodukte: die staatlichen Gewerbeaufsichtsbehörden
- einige Bundesländer haben davon abweichend gemeinsame Landesaufsichtsbehörden zur Überwachung aktiver und nichtaktiver Medizinprodukte.

Sachlich zuständig sind:
- für nichtaktive Medizinprodukte: die Bezirksregierungen, Regierungspräsidien oder Regierungspräsidenten sowie in den Stadtstaaten die Senate als mittlere Landesbehörden
- für aktive Medizinprodukte: die Kreise oder kreisfreien Städte als untere Landesbehörden.

111 Die Verletzung der Anzeigepflicht stellt gemäß § 42 Abs. 2 Nr. 11 MPG unter den dort genannten Voraussetzungen eine Ordnungswidrigkeit dar.

6.2 Überwachung

Die **Durchführung der Überwachung** von Medizinprodukten ist in § 26 MPG geregelt.

Nach § 26 Abs. 2 MPG soll durch die Überwachung der Medizinprodukte gewährleistet werden, dass die Voraussetzungen zum Inverkehrbringen und zur Inbetriebnahme von Medizinprodukten erfüllt sind. Hierzu führt die zuständige Behörde in angemessenem Umfang Prüfungen durch. Zuständig ist genau wie bei der Entgegennahme von Anzeigen die jeweilige Landesbehörde. Die mit der Überwachung beauftragten Personen sind befugt, Geschäfts- und Betriebsräume zu den üblichen Geschäftszeiten zu betreten und zu besichtigen. Dabei dürfen sie Medizinprodukte besichtigen und prüfen, insbesondere in Betrieb nehmen und Proben entnehmen. Unterlagen über Entwicklung, Herstellung, Prüfung, klinische Prüfung, Leistungsbewertungsprüfung oder Erwerb, Lagerung, Verpackung, Inverkehrbringen und sonstigen Verbleib der Medizinprodukte sowie über das im Verkehr befindliche Werbematerial können eingesehen werden und hieraus bei begründeten Fällen Abschriften oder Ablichtungen gefertigt werden. Schließlich können alle erforderlichen **Auskünfte**, insbesondere über die Betriebsvorgänge, von den verantwortlichen Personen verlangt werden.

Zur Beseitigung festgestellter oder zur Verhütung künftiger Verstöße kann die Behörde die notwendigen Maßnahmen treffen. Bei hinreichenden Anhaltspunkten für eine unrechtmäßige CE-Kennzeichnung oder eine von dem Medizinprodukt ausgehende Gefahr kann die Behörde verlangen, dass der Verantwortliche nach § 5 MPG das Medizinprodukt durch einen **Sachverständigen** überprüfen lässt. Bei neuen IvD kann die Behörde innerhalb von zwei Jahren nach der Anzeige gemäß § 25 Abs. 3 MPG und in begründeten Fällen einen **Erfahrungsbericht** verlangen. Darüber hinaus besitzt die Behörde nach § 28 Abs. 2 MPG weitreichende **Auflagen- und Maßnahmebefugnisse**. Diese reichen von der Schließung eines Betriebes bis zur Untersagung oder Beschränkung des Inverkehrbringens, des Betreibens oder der Anwendung von Medizinprodukten. Schließlich kann der Beginn oder die weitere Durchführung einer klinischen Prüfung oder einer Leistungsbewertungsprüfung untersagt werden sowie der Rückruf oder die Sicherstellung angeordnet werden.

Wenn die zuständige Behörde entsprechende Maßnahmen trifft, hat sie gemäß § 26 Abs. 7 MPG auf Anfrage das Bundesministerium der Gesundheit sowie die zuständigen Behörden der anderen Vertragsstaaten des Europäischen Wirtschaftsraums und nach § 28 Abs. 2 MPG die übrigen zuständigen Behörden, die zuständige Bundesoberbehörde und das Bundesministerium für Gesundheit und soziale Sicherung zu informieren.

116 Zur Durchführung dieser Überwachung sieht das Medizinproduktegesetz ein umfassendes **Medizinprodukte-Beobachtungs- und Meldesystem** vor, welches in seinen Einzelheiten in der Verordnung über die Erfassung, Bewertung und Abwehr von Risiken bei Medizinprodukten (**Sicherheitsplan**) geregelt ist. In § 29 MPG wird das Zusammenwirken der beteiligten Kreise und Institutionen im Sinne einer schnellen und effektiven Beobachtung, Sammlung, Auswertung und Bewertung von Risiken aus Medizinprodukten geregelt. Für die Erfassung und Bewertung von Risiken sind seit dem 2. ÄndG zwei Bundesoberbehörden zuständig. Das **Paul-Ehrlich-Institut** ist zuständige Behörde für alle im Anhang der Richtlinie 98/79/EG aufgeführten IvD, die Infektionskrankheiten betreffen oder der Prüfung der Unbedenklichkeit und Verträglichkeit von Blut- und Gewebespenden dienen (§ 32 Abs. 2 MPG). Für alle übrigen IvD und die sonstigen Medizinprodukte bleibt es bei der Zuständigkeit des **Bundesinstituts für Arzneimittel und Medizinprodukte** (§ 32 Abs. 1 MPG). Die Durchführung der sich aus der Bewertung der Risiken ableitenden Maßnahmen obliegt den zuständigen Landesbehörden. Um welche Landesbehörden es sich dabei handelt, ergibt sich aus den jeweiligen landesrechtlichen Zuständigkeitsregelungen.

117 Nach § 42 Abs.2 Nr. 12 MPG handelt ordnungswidrig, wer vorsätzlich oder fahrlässig einer Duldungs- oder Mitwirkungspflicht nach § 26 Abs. 4 MPG zuwiderhandelt.

6.3 Sicherheitsbeauftragter für Medizinprodukte gemäß § 30 MPG

118 Nach § 30 MPG ist der gemäß § 5 Satz 1 und 2 MPG Verantwortliche mit Sitz in Deutschland (der Hersteller, Bevollmächtigte oder Einführer) unverzüglich nach Aufnahme der Tätigkeit verpflichtet, eine Person mit der erforderlichen Sachkenntnis und der erforderlichen Zuverlässigkeit als **Sicherheitsbeauftragter für Medizinprodukte** zu bestellen. Die erforderliche Sachkenntnis muss durch ein abgeschlossenes naturwissenschaftliches, medizinisches oder technisches Studium oder eine andere geeignete Ausbildung sowie durch jeweils zweijährige Berufserfahrung nachgewiesen werden. Diese Sachkenntnis ist auf Verlangen der Behörde nachzuweisen.

119 Aufgabe des Sicherheitsbeauftragten ist es, Risikomeldungen zu sammeln und zu bewerten sowie die dazu erforderlichen Maßnahmen zu koordinieren. Darüber hinaus ist er für die Erfüllung der Anzeigepflichten

im Hinblick auf die Medizinprodukterisiken verantwortlich. Zu beachten ist, dass der Sicherheitsbeauftragte für Medizinprodukte klar von dem Sicherheitsbeauftragten nach den unfallversicherungsrechtlichen Bestimmungen der Berufsgenossenschaften zu trennen ist. Dieser Sicherheitsbeauftragte beaufsichtigt und überwacht die Einhaltung der Unfallverhütungsvorschriften in den einzelnen Unternehmen zum Schutze der Mitarbeiter, also der bei der Berufsgenossenschaft Versicherten. Der Sicherheitsbeauftragte nach diesem Gesetz hat hingegen die Risiken der in diesem Unternehmen hergestellten bzw. von diesem vertriebenen Medizinprodukte zu überwachen.

6.4 Medizinprodukteberater gemäß § 31 MPG

Mit der Regelung des § 31 MPG wird die **Einrichtung eines Beraters für Medizinprodukte** festgeschrieben. Wer berufsmäßig Fachkreise fachlich informiert oder in die sachgerechte Handhabung der Medizinprodukte einweist, darf diese Tätigkeit nur ausüben, wenn er für die jeweiligen Medizinprodukte die erforderliche medizinische und medizintechnische Sachkenntnis und Erfahrung für die Information und Einweisung in die Handhabung der jeweiligen Medizinprodukte besitzt. 120

Die hierfür erforderliche Sachkenntnis besitzt gemäß § 31 Abs.2 MPG, wer eine naturwissenschaftliche, medizinische oder technische Ausbildung erfolgreich abgeschlossen hat und auf die jeweiligen Medizinprodukte bezogen geschult worden ist. Des Weiteren besitzt die erforderliche Sachkenntnis, wer durch eine mindestens einjährige oder in begründeten Fällen auch kürzere Tätigkeit, Erfahrungen in der Information und, soweit erforderlich, in der Einweisung und in der Handhabung der jeweiligen Medizinprodukte erworben hat. 121

Aufgabe des Medizinprodukteberaters ist es, Mitteilungen von Angehörigen der Fachkreise über Nebenwirkungen, wechselseitige Beeinflussungen, Fehlfunktionen, technische Mängel, Gegenanzeigen, Verfälschungen oder sonstige Risiken bei Medizinprodukten schriftlich aufzuzeichnen und an den, der diese Medizinprodukte vertreibt oder dessen Sicherheitsbeauftragten für Medizinprodukte schriftlich zu übermitteln. Der Medizinprodukteberater soll den Händler und Anwender fachlich beraten und ggf. in die Anwendung bestimmter Medizinprodukte einweisen. Er ist somit ein wichtiges Bindeglied in der Kette vom Hersteller über den Zwischenhändler und die Fachkreise bis zum Patienten. 122

Um die Kompetenz des Medizinprodukteberaters zu gewährleisten, hat dieser sich auf dem neuesten Erkenntnisstand des jeweiligen Medizinproduktes zu halten und sein Auftraggeber hat für seine regelmäßige 123

Schulung zu sorgen. Er hat der zuständigen Behörde auf Verlangen seine Sachkenntnis nachzuweisen. Die Institutionalisierung eines Medizinprodukteberaters beruht nach der amtlichen Begründung darauf, dass eine große Anzahl von Zwischenfällen mit solchen Produkten, die unter das Medizinproduktegesetz fallen, auf falsches Betreiben oder auf Mängel in der Anwendung zurückzuführen ist. Daraus ergebe sich die Notwendigkeit einer fachkompetenten Beratung, Information und Einweisung der Fachkreise zur Anwendung der Medizinprodukte.

124 Sowohl Verstöße gegen § 30 MPG (Stellung eines Sicherheitsbeauftragten), als auch ein Verstoß gegen § 31 MPG (Tätigkeit eines Medizinprodukteberaters) sind nach § 42 Abs. 2 Nr. 13–15 MPG unter den dort genannten Voraussetzungen mit einem Bußgeld belegt.

7 Straf- und Bußgeldvorschriften

125 Im 8. Abschnitt des Medizinproduktegesetzes (§§ 40 bis 43 MPG) sind umfassende Straf- und Bußgeldvorschriften geregelt. Diese Vorschriften beziehen sich auf die im Medizinproduktegesetz enthaltenen Gebots- und Verbotstatbestände[54]. Diese Vorschriften folgen der Systematik des Arzneimittelgesetzes und des Gerätesicherheitsgesetzes. Es wird dabei differenziert nach **Nebenstrafrecht** und **Nebenordnungswidrigkeitenrecht.**

126 In § 40 MPG sind die einzelnen Strafvorschriften geregelt, die als Strafmaß eine Freiheitsstrafe bis zu drei Jahren oder Geldstrafe bei Verstoß gegen die dort genannten Vorschriften vorsehen. In § 41 MPG sind Strafvorschriften geregelt, die mit einem Strafmaß von bis zu einem Jahr Freiheitsstrafe oder mit Geldstrafe belegt sind. Abschließend enthält § 42 MPG die Bußgeldvorschriften. Zum einen sind die in § 41 fahrlässig begangenen Handlungen nach § 42 Abs. 1 bußgeldbewehrt. Zum anderen enthält § 42 Abs. 2 MPG einen weiteren Katalog von bußgeldbewehrten Handlungen.

127 Bei diesen Straf- und Bußgeldvorschriften sind auch stets die **allgemeinen Vorschriften des Ordnungswidrigkeitengesetzes** zu berücksichtigen. Hier ist besonders § 9 OWiG hervorzuheben, der die Verantwortlichkeit von **Repräsentanten** und **gesetzlichen Vertretern** regelt. Nach § 9 Abs. 1 OWiG stehen besondere persönliche Merkmale, die die Mög-

---

54 Zu den einzelnen Bußgeldtatbeständen vergl. die Erläuterungen zu den jeweiligen Gebots- und Verbotsnormen.

lichkeit einer Ahndung begründen, einer Ahndung des Verhaltens des gesetzlichen Vertreters als Ordnungswidrigkeit nicht entgegen, wenn diese Merkmale zwar nicht bei ihm, aber bei dem Vertretenen vorliegen. Dies betrifft das Handeln von vertretungsberechtigten Organen einer juristischen Person, vertretungsberechtigten Gesellschaftern einer Personenhandelsgesellschaft und eines gesetzlichen Vertreters einer natürlichen Person. Nach § 9 Abs. 2 Nr. 1 OWiG sind die mit der Leitung eines Betriebes beauftragten Personen in ähnlicher Weise wie die in § 9 Abs. 1 OWiG genannten gesetzlichen Vertreter für die Begehung von Ordnungswidrigkeiten verantwortlich. Mit der Beauftragung, einen Betrieb ganz oder zum Teil zu leiten, wird kraft Gesetzes die Verpflichtung verbunden, bußgeldbewehrte Rechtspflichten, die originär den Betriebsinhaber betreffen, ebenso wie dieser selbst einzuhalten[55]. Die Rechtspflichten müssen nicht ausdrücklich übertragen sein. Betriebsleiter im Sinne des § 9 Abs. 2 Nr. 1 OWiG sind Personen, welchen die Geschäftsführung des Betriebes nach innen und außen übertragen ist und die daher in eigener Verantwortung anstelle des Betriebsinhabers handeln. Dies betrifft auch Personen, die den Betrieb nur zum Teil leiten.

Schließlich ist auch § 130 OWiG als selbstständiger Bußgeldtatbestand in der Person des Betriebs- oder Unternehmensinhabers zu berücksichtigen. Diese Vorschrift enthält den Grundsatz, dass der Inhaber eines Betriebes oder Unternehmens verpflichtet ist, die erforderlichen **Aufsichtsmaßnahmen** zu treffen, damit in dem Betrieb oder Unternehmen die von dem Inhaber zu beachtenden Rechtspflichten, deren Verletzung mit einer Straf- oder Geldbuße bedroht ist, beachtet werden[56]. **128**

---

55 *Brandenburg, S.:* Unfallversicherungsrecht, Band 2, in: *Schulin B. (Hrsg.):* Handbuch des Sozialversicherungsrechts, München 1996, § 68 Rn. 14.
56 *Brandenburg, S.,* a. a. O., § 69 Rn. 35.

ANHÄNGE

Anhang I
Medizinproduktegesetz

**Gesetz
über Medizinprodukte
(Medizinproduktegesetz – MPG)**

in der Fassung der Bekanntmachung vom 7. August 2002 (BGBl. I S. 3146)

**Erster Abschnitt
Zweck, Anwendungsbereich des Gesetzes, Begriffsbestimmungen**

**§ 1
Zweck des Gesetzes**

Zweck dieses Gesetzes ist es, den Verkehr mit Medizinprodukten zu regeln und dadurch für die Sicherheit, Eignung und Leistung der Medizinprodukte sowie die Gesundheit und den erforderlichen Schutz der Patienten, Anwender und Dritter zu sorgen.

**§ 2
Anwendungsbereich des Gesetzes**

(1) Dieses Gesetz gilt für Medizinprodukte und deren Zubehör. Zubehör wird als eigenständiges Medizinprodukt behandelt.

(2) Dieses Gesetz gilt auch für Produkte, die dazu bestimmt sind, Arzneimittel im Sinne des § 2 Abs. 1 des Arzneimittelgesetzes zu verabreichen. Werden die Medizinprodukte nach Satz 1 so in den Verkehr gebracht, dass Medizinprodukt und Arzneimittel ein einheitliches, miteinander verbundenes Produkt bilden, das ausschließlich zur Anwendung in dieser Verbindung bestimmt und nicht wiederverwendbar ist, gilt dieses Gesetz nur insoweit, als das Medizinprodukt die Grundlegenden Anforderungen nach § 7 erfüllen muss die sicherheits- und leistungsbezogene Produktfunktionen betreffen. Im Übrigen gelten die Vorschriften des Arzneimittelgesetzes.

(3) Die Vorschriften des Atomgesetzes, der Strahlenschutzverordnung, der Röntgenverordnung und des Strahlenschutzvorsorgegesetzes, des Chemikaliengesetzes, der Gefahrstoffverordnung sowie die Rechtsvorschriften über Geheimhaltung und Datenschutz bleiben unberührt.

(4) Dieses Gesetz gilt nicht für

Anhang I

1. Arzneimittel im Sinne des § 2 Abs. 1 Nr. 2 des Arzneimittelgesetzes,
2. kosmetische Mittel im Sinne des § 4 des Lebensmittel- und Bedarfsgegenständegesetzes,
3. menschliches Blut, Produkte aus menschlichem Blut, menschliches Plasma oder Blutzellen menschlichen Ursprungs oder Produkte, die zum Zeitpunkt des Inverkehrbringens Bluterzeugnisse, -plasma oder -zellen dieser Art enthalten, soweit es sich nicht um Medizinprodukte nach § 3 Nr. 3 oder § 3 Nr. 4 handelt,
4. Transplantate oder Gewebe oder Zellen menschlichen Ursprungs und Produkte, die Gewebe oder Zellen menschlichen Ursprungs enthalten oder aus solchen Geweben oder Zellen gewonnen wurden, soweit es sich nicht um Medizinprodukte nach § 3 Nr. 4 handelt,
5. Transplantate oder Gewebe oder Zellen tierischen Ursprungs, es sei denn, ein Produkt wird unter Verwendung von abgetötetem tierischen Gewebe oder von abgetöteten Erzeugnissen hergestellt, die aus tierischem Gewebe gewonnen wurden oder es handelt sich um Medizinprodukte nach § 3 Nr. 4,
6. persönliche Schutzausrüstungen im Sinne der Richtlinie 89/686/EWG des Rates vom 21. Dezember 1989 zur Angleichung der Rechtsvorschriften der Mitgliedstaaten für persönliche Schutzausrüstungen (ABl. EG Nr. L 399 S. 18) in der jeweils geltenden Fassung.

§ 3
Begriffsbestimmungen

1. Medizinprodukte sind alle einzeln oder miteinander verbunden verwendete Instrumente, Apparate, Vorrichtungen, Stoffe und Zubereitungen aus Stoffen oder andere Gegenstände einschließlich der für ein einwandfreies Funktionieren des Medizinproduktes eingesetzten Software, die vom Hersteller zur Anwendung für Menschen mittels ihrer Funktionen zum Zwecke
    a) der Erkennung, Verhütung, Überwachung, Behandlung oder Linderung von Krankheiten,
    b) der Erkennung, Überwachung, Behandlung, Linderung oder Kompensierung von Verletzungen oder Behinderungen,
    c) der Untersuchung, der Ersetzung oder der Veränderung des anatomischen Aufbaus oder eines physiologischen Vorgangs oder
    d) der Empfängnisregelung
    zu dienen bestimmt sind und deren bestimmungsgemäße Hauptwirkung im oder am menschlichen Körper weder durch pharmakologisch oder immunologisch wirkende Mittel noch durch Metabolismus erreicht wird, deren Wirkungsweise aber durch solche Mittel unterstützt werden kann.
2. Medizinprodukte sind auch Produkte nach Nummer 1, die einen Stoff oder eine Zubereitung aus Stoffen enthalten oder auf die solche aufgetragen sind, die bei gesonderter Verwendung als Arzneimittel im Sinne des § 2 Abs. 1 des Arzneimittelgesetzes angesehen werden können und die in Ergänzung zu den Funktionen des Produktes eine Wirkung auf den menschlichen Körper entfalten können.
3. Medizinprodukte sind auch Produkte nach Nummer 1, die als Bestandteil

einen Stoff enthalten, der gesondert verwendet als Bestandteil eines Arzneimittels oder Arzneimittel aus menschlichem Blut oder Blutplasma im Sinne des Artikels 1 der Richtlinie 89/381/EWG des Rates vom 14. Juni 1989 zur Erweiterung des Anwendungsbereichs der Richtlinien 65/65/EWG und 75/319/EWG zur Angleichung der Rechts-und Verwaltungsvorschriften über Arzneispezialitäten und zur Festlegung besonderer Vorschriften für Arzneimittel aus menschlichem Blut oder Blutplasma (ABl. EG Nr. L 181 S. 44) betrachtet werden und in Ergänzung zu dem Produkt eine Wirkung auf den menschlichen Körper entfalten kann.

4. In-vitro-Diagnostikum ist ein Medizinprodukt, das als Reagenz, Reagenzprodukt, Kalibriermaterial, Kontrollmaterial, Kit, Instrument, Apparat, Gerät oder System einzeln oder in Verbindung miteinander nach der vom Hersteller festgelegten Zweckbestimmung zur In-vitro-Untersuchung von aus dem menschlichen Körper stammenden Proben einschließlich Blut-und Gewebespenden bestimmt ist und ausschließlich oder hauptsächlich dazu dient, Informationen zu liefern
   a) über physiologische oder pathologische Zustände oder
   b) über angeborene Anomalien oder
   c) zur Prüfung auf Unbedenklichkeit oder Verträglichkeit bei den potentiellen Empfängern oder
   d) zur Überwachung therapeutischer Maßnahmen.
   Probenbehältnisse gelten als In-vitro-Diagnostika. Probenbehältnisse sind luftleere oder sonstige Medizinprodukte, die von ihrem Hersteller speziell dafür gefertigt werden, aus dem menschlichen Körper stammende Proben unmittelbar nach ihrer Entnahme aufzunehmen und im Hinblick auf eine In-vitro-Untersuchung aufzubewahren. Erzeugnisse für den allgemeinen Laborbedarf gelten nicht als In-vitro-Diagnostika, es sei denn, sie sind auf Grund ihrer Merkmale nach der vom Hersteller festgelegten Zweckbestimmung speziell für In-vitro-Untersuchungen zu verwenden.

5. In-vitro-Diagnostikum zur Eigenanwendung ist ein In-vitro-Diagnostikum, das nach der vom Hersteller festgelegten Zweckbestimmung von Laien in der häuslichen Umgebung angewendet werden kann.

6. Neu im Sinne dieses Gesetzes ist ein In-vitro-Diagnostikum, wenn
   a) ein derartiges Medizinprodukt für den entsprechenden Analyten oder anderen Parameter während der vorangegangenen drei Jahre innerhalb des Europäischen Wirtschaftsraums nicht fortwährend verfügbar war oder
   b) das Verfahren mit einer Analysetechnik arbeitet, die innerhalb des Europäischen Wirtschaftraums während der vorangegangenen drei Jahre nicht fortwährend in Verbindung mit einem bestimmten Analyten oder anderen Parameter verwendet worden ist.

7. Als Kalibrier- und Kontrollmaterial gelten Substanzen, Materialien und Gegenstände, die von ihrem Hersteller vorgesehen sind zum Vergleich von Messdaten oder zur Prüfung der Leistungsmerkmale eines In-vitro-Diagnostikums im Hinblick auf die bestimmungsgemäße Anwendung. Zertifizierte internationale Referenzmaterialien und Materialien, die für externe Qualitätsbewertungsprogramme verwendet werden, sind keine In-vitro-Diagnostika im Sinne dieses Gesetzes.

Anhang I

8. Sonderanfertigung ist ein Medizinprodukt, das nach schriftlicher Verordnung nach spezifischen Auslegungsmerkmalen eigens angefertigt wird und zur ausschließlichen Anwendung bei einem namentlich benannten Patienten bestimmt ist. Das serienmäßig hergestellte Medizinprodukt, das angepasst werden muss, um den spezifischen Anforderungen des Arztes, Zahnarztes oder des sonstigen beruflichen Anwenders zu entsprechen, gilt nicht als Sonderanfertigung.
9. Zubehör für Medizinprodukte sind Gegenstände, Stoffe, Zubereitungen aus Stoffen sowie Software, die selbst keine Medizinprodukte nach Nummer 1 sind, aber vom Hersteller dazu bestimmt sind, mit einem Medizinprodukt verwendet zu werden, damit dieses entsprechend der von ihm festgelegten Zweckbestimmung des Medizinproduktes angewendet werden kann. Invasive, zur Entnahme von Proben aus dem menschlichen Körper zur In-vitro-Untersuchung bestimmte Medizinprodukte sowie Medizinprodukte, die zum Zweck der Probenahme in unmittelbaren Kontakt mit dem menschlichen Körper kommen, gelten nicht als Zubehör für In-vitro-Diagnostika.
10. Zweckbestimmung ist die Verwendung, für die das Medizinprodukt in der Kennzeichnung, der Gebrauchsanweisung oder den Werbematerialien nach den Angaben des in Nummer 15 genannten Personenkreises bestimmt ist.
11. Inverkehrbringen ist jede entgeltliche oder unentgeltliche Abgabe von Medizinprodukten an andere. Erstmaliges Inverkehrbringen ist die erste Abgabe von neuen oder als neu aufbereiteten Medizinprodukten an andere im Europäischen Wirtschaftsraum. Als Inverkehrbringen nach diesem Gesetz gilt nicht
    a) die Abgabe von Medizinprodukten zum Zwecke der klinischen Prüfung,
    b) die Abgabe von In-vitro-Diagnostika für Leistungsbewertungsprüfungen,
    c) die erneute Abgabe eines Medizinproduktes nach seiner Inbetriebnahme an andere, es sei denn, dass es als neu aufbereitet oder wesentlich verändert worden ist.
    Eine Abgabe an andere liegt nicht vor, wenn Medizinprodukte für einen anderen aufbereitet und an diesen zurückgegeben werden.
12. Inbetriebnahme ist der Zeitpunkt, zu dem das Medizinprodukt dem Endanwender als ein Erzeugnis zur Verfügung gestellt worden ist, das erstmals entsprechend seiner Zweckbestimmung im Europäischen Wirtschaftsraum angewendet werden kann. Bei aktiven implantierbaren Medizinprodukten gilt als Inbetriebnahme die Abgabe an das medizinische Personal zur Implantation.
13. Ausstellen ist das Aufstellen oder Vorführen von Medizinprodukten zum Zwecke der Werbung.
14. Die Aufbereitung von bestimmungsgemäß keimarm oder steril zur Anwendung kommenden Medizinprodukten ist die nach deren Inbetriebnahme zum Zwecke der erneuten Anwendung durchgeführte Reinigung, Desinfektion und Sterilisation einschließlich der damit zusammenhängenden Arbeitsschritte sowie die Prüfung und Wiederherstellung der technisch-funktionellen Sicherheit.
15. Hersteller ist die natürliche oder juristische Person, die für die Auslegung, Herstellung, Verpackung und Kennzeichnung eines Medizinproduktes im

Hinblick auf das erstmalige Inverkehrbringen im eigenen Namen verantwortlich ist, unabhängig davon, ob diese Tätigkeiten von dieser Person oder stellvertretend für diese von einer dritten Person ausgeführt werden. Die dem Hersteller nach diesem Gesetz obliegenden Verpflichtungen gelten auch für die natürliche oder juristische Person, die ein oder mehrere vorgefertigte Medizinprodukte montiert, abpackt, behandelt, aufbereitet, kennzeichnet oder für die Festlegung der Zweckbestimmung als Medizinprodukt im Hinblick auf das erstmalige Inverkehrbringen im eigenen Namen verantwortlich ist. Dies gilt nicht für natürliche oder juristische Personen, die – ohne Hersteller im Sinne des Satzes 1 zu sein – bereits in Verkehr gebrachte Medizinprodukte für einen namentlich genannten Patienten entsprechend ihrer Zweckbestimmung montieren oder anpassen.

16. Bevollmächtigter ist die im Europäischen Wirtschaftsraum niedergelassene natürliche oder juristische Person, die vom Hersteller ausdrücklich dazu bestimmt wurde, im Hinblick auf seine Verpflichtungen nach diesem Gesetz in seinem Namen zu handeln und den Behörden und zuständigen Stellen zur Verfügung zu stehen.

17. Fachkreise sind Angehörige der Heilberufe, des Heilgewerbes oder von Einrichtungen, die der Gesundheit dienen, sowie sonstige Personen, soweit sie Medizinprodukte herstellen, prüfen, in der Ausübung ihres Berufes in den Verkehr bringen, implantieren, in Betrieb nehmen, betreiben oder anwenden.

18. Harmonisierte Normen sind solche Normen von Vertragsstaaten des Abkommens über den Europäischen Wirtschaftsraum, die den Normen entsprechen, deren Fundstellen als „harmonisierte Norm" für Medizinprodukte im Amtsblatt der Europäischen Gemeinschaften veröffentlicht wurden. Die Fundstellen der diesbezüglichen deutschen Normen werden im Bundesanzeiger bekannt gemacht. Den Normen nach den Sätzen 1 und 2 sind die Medizinprodukte betreffenden Monografien des Europäischen Arzneibuches, deren Fundstellen im Amtsblatt der Europäischen Gemeinschaften veröffentlicht und die als Monografien des Europäischen Arzneibuchs, Amtliche deutsche Ausgabe, im Bundesanzeiger bekannt gemacht werden, gleichgestellt.

19. Gemeinsame Technische Spezifikationen sind solche Spezifikationen, die In-vitro-Diagnostika nach Anhang II Listen A und B der Richtlinie 98/79/EG des Europäischen Parlaments und des Rates vom 27. Oktober 1998 über In-vitro-Diagnostika (ABl. EG Nr. L 331 S. 1) in der jeweils geltenden Fassung betreffen und deren Fundstellen im Amtsblatt der Europäischen Gemeinschaften veröffentlicht und im Bundesanzeiger bekannt gemacht wurden. In diesen Spezifikationen werden Kriterien für die Bewertung und Neubewertung der Leistung, Chargenfreigabekriterien, Referenzmethoden und Referenzmaterialien festgelegt.

20. Benannte Stelle ist eine für die Durchführung von Prüfungen und Erteilung von Bescheinigungen im Zusammenhang mit Konformitätsbewertungsverfahren nach Maßgabe der Rechtsverordnung nach § 37 Abs. 1 vorgesehene Stelle, die der Kommission der Europäischen Gemeinschaften und den Vertragsstaaten des Abkommens über den Europäischen Wirtschaftsraum von

einem Vertragsstaat des Abkommens über den Europäischen Wirtschaftsraum benannt worden ist.

21. Medizinprodukte aus In-Haus-Herstellung sind Produkte im Sinne der Nummer 1 einschließlich Zubehör, die in einer Gesundheitseinrichtung hergestellt werden, um in der Betriebsstätte oder in Räumen in unmittelbarer Nähe der Betriebsstätte angewendet zu werden, ohne dass sie in den Verkehr gebracht werden oder die Voraussetzungen einer Sonderanfertigung nach § 3 Nr. 8 erfüllen. Satz 1 gilt nicht für In-vitro-Diagnostika, die in professionellem und kommerziellem Rahmen zum Zwecke der medizinischen Analyse hergestellt werden und angewendet werden sollen, ohne in den Verkehr gebracht zu werden.

Zweiter Abschnitt
Anforderungen an Medizinprodukte und deren Betrieb

§ 4
Verbote zum Schutz von Patienten, Anwendern und Dritten

(1) Es ist verboten, Medizinprodukte in den Verkehr zu bringen, zu errichten, in Betrieb zu nehmen, zu betreiben oder anzuwenden, wenn
1. der begründete Verdacht besteht, daß sie die Sicherheit und die Gesundheit der Patienten, der Anwender oder Dritter bei sachgemäßer Anwendung, Instandhaltung und ihrer Zweckbestimmung entsprechender Verwendung über ein nach den Erkenntnissen der medizinischen Wissenschaften vertretbares Maß hinausgehend gefährden oder
2. das Datum abgelaufen ist, bis zu dem eine gefahrlose Anwendung nachweislich möglich ist (Verfalldatum).

(2) Es ist ferner verboten, Medizinprodukte in den Verkehr zu bringen, wenn sie mit irreführender Bezeichnung, Angabe oder Aufmachung versehen sind. Eine Irreführung liegt insbesondere dann vor, wenn
1. Medizinprodukten eine Leistung beigelegt wird, die sie nicht haben,
2. fälschlich der Eindruck erweckt wird, daß ein Erfolg mit Sicherheit erwartet werden kann oder daß nach bestimmungsgemäßem oder längerem Gebrauch keine schädlichen Wirkungen eintreten,
3. zur Täuschung über die in den Grundlegenden Anforderungen nach § 7 festgelegten Produkteigenschaften geeignete Bezeichnungen, Angaben oder Aufmachungen verwendet werden, die für die Bewertung des Medizinproduktes mitbestimmend sind.

§ 5
Verantwortlicher für das erstmalige Inverkehrbringen

Verantwortlicher für das erstmalige Inverkehrbringen von Medizinprodukten ist der Hersteller oder sein Bevollmächtigter. Hat der Hersteller seinen Sitz nicht im Europäischen Wirtschaftsraum und ist ein Bevollmächtigter nicht benannt oder werden Medizinprodukte nicht unter der Verantwortung des Bevollmächtigten in den Europäischen Wirtschaftsraum eingeführt, ist der Einführer

Verantwortlicher. Der Name oder die Firma und die Anschrift des Verantwortlichen müssen in der Kennzeichnung oder Gebrauchsanweisung des Medizinproduktes enthalten sein.

§ 6
Voraussetzungen für das Inverkehrbringen und die Inbetriebnahme

(1) Medizinprodukte, mit Ausnahme von Sonderanfertigungen, Medizinprodukten aus In-Haus-Herstellung, Medizinprodukten gemäß § 11 Abs. 1 sowie Medizinprodukten, die zur klinischen Prüfung oder In-vitro-Diagnostika, die für Leistungsbewertungszwecke bestimmt sind, dürfen in Deutschland nur in den Verkehr gebracht oder in Betrieb genommen werden, wenn sie mit einer CE-Kennzeichnung nach Maßgabe des Absatzes 2 Satz 1 und des Absatzes 3 Satz 1 versehen sind. Über die Beschaffenheitsanforderungen hinausgehende Bestimmungen, die das Betreiben oder das Anwenden von Medizinprodukten betreffen, bleiben unberührt.

(2) Mit der CE-Kennzeichnung dürfen Medizinprodukte nur versehen werden, wenn die Grundlegenden Anforderungen nach § 7, die auf sie unter Berücksichtigung ihrer Zweckbestimmung anwendbar sind, erfüllt sind und ein für das jeweilige Medizinprodukt vorgeschriebenes Konformitätsbewertungsverfahren nach Maßgabe der Rechtsverordnung nach § 37 Abs. 1 durchgeführt worden ist. Zwischenprodukte, die vom Hersteller spezifisch als Bestandteil für Sonderanfertigungen bestimmt sind, dürfen mit der CE-Kennzeichnung versehen werden, wenn die Voraussetzungen des Satzes 1 erfüllt sind.

(3) Gelten für das Medizinprodukt zusätzlich andere Rechtsvorschriften als die dieses Gesetzes, deren Einhaltung durch die CE-Kennzeichnung bestätigt wird, so darf der Hersteller das Medizinprodukt nur dann mit der CE-Kennzeichnung versehen, wenn auch diese anderen Rechtsvorschriften erfüllt sind. Steht dem Hersteller auf Grund einer oder mehrerer weiterer Rechtsvorschriften während einer Übergangszeit die Wahl der anzuwendenden Regelungen frei, so gibt er mit der CE-Kennzeichnung an, dass dieses Medizinprodukt nur den angewandten Rechtsvorschriften entspricht. In diesem Fall hat der Hersteller in den dem Medizinprodukt beiliegenden Unterlagen, Hinweisen oder Anleitungen die Nummern der mit den angewandten Rechtsvorschriften umgesetzten Richtlinien anzugeben, unter denen sie im Amtsblatt der Europäischen Gemeinschaften veröffentlicht sind. Bei sterilen Medizinprodukten müssen diese Unterlagen, Hinweise oder Anleitungen ohne Zerstörung der Verpackung, durch welche die Sterilität des Medizinproduktes gewährleistet wird, zugänglich sein.

(4) Die Durchführung von Konformitätsbewertungsverfahren lässt die zivil- und strafrechtliche Verantwortlichkeit des Verantwortlichen nach § 5 unberührt.

§ 7
Grundlegende Anforderungen

Die Grundlegenden Anforderungen sind für aktive implantierbare Medizinprodukte die Anforderungen des Anhangs 1 der Richtlinie 90/385/EWG des Rates vom 20. Juni 1990 zur Angleichung der Rechtsvorschriften der Mitgliedstaaten über aktive implantierbare medizinische Geräte (ABl. EG Nr. L 189 S. 17), zuletzt geändert durch die Richtlinie 93/68/EWG (ABl. EG Nr. L 220 S. 1), für In-vitro-Diagnostika die Anforderungen des Anhangs I der Richtlinie 98/79/EG und für die sonstigen Medizinprodukte die Anforderungen des Anhangs I der Richtlinie 93/42/EWG des Rates vom 14. Juni 1993 über Medizinprodukte (ABl. EG Nr. L 169 S. 1), zuletzt geändert durch die Richtlinie 2000/70/EG (ABl. EG Nr. L 313 S. 22), in den jeweils geltenden Fassungen.

§ 8
Harmonisierte Normen, Gemeinsame Technische Spezifikationen

(1) Stimmen Medizinprodukte mit harmonisierten Normen oder ihnen gleichgestellten Monografien des Europäischen Arzneibuches oder Gemeinsamen Technischen Spezifikationen, die das jeweilige Medizinprodukt betreffen, überein, wird insoweit vermutet, dass sie die Bestimmungen dieses Gesetzes einhalten.

(2) Die Gemeinsamen Technischen Spezifikationen sind in der Regel einzuhalten. Kommt der Hersteller in hinreichend begründeten Fällen diesen Spezifikationen nicht nach, muss er Lösungen wählen, die dem Niveau der Spezifikationen zumindest gleichwertig sind.

§ 9
CE-Kennzeichnung

(1) Die CE-Kennzeichnung ist für aktive implantierbare Medizinprodukte gemäß Anhang 9 der Richtlinie 90/385/EWG, für In-vitro-Diagnostika gemäß Anhang X der Richtlinie 98/79/EG und für die sonstigen Medizinprodukte gemäß Anhang XII der Richtlinie 93/42/EWG zu verwenden. Zeichen oder Aufschriften, die geeignet sind, Dritte bezüglich der Bedeutung oder der graphischen Gestaltung der CE-Kennzeichnung in die Irre zu leiten, dürfen nicht angebracht werden. Alle sonstigen Zeichen dürfen auf dem Medizinprodukt, der Verpackung oder der Gebrauchsanweisung des Medizinproduktes angebracht werden, sofern sie die Sichtbarkeit und Lesbarkeit der CE-Kennzeichnung nicht beeinträchtigen.

(2) Die CE-Kennzeichnung muß von der Person angebracht werden, die in den Vorschriften zu den Konformitätsbewertungsverfahren gemäß der Rechtsverordnung nach § 37 Abs. 1 dazu bestimmt ist.

(3) Die CE-Kennzeichnung nach Absatz 1 Satz 1 muß deutlich sichtbar, gut lesbar und dauerhaft auf dem Medizinprodukt und, falls vorhanden, auf der Handelspackung sowie auf der Gebrauchsanweisung angebracht werden. Auf dem Medizinprodukt muß die CE-Kennzeichnung nicht angebracht werden, wenn es zu klein ist, seine Beschaffenheit dies nicht zuläßt oder es nicht zweckmäßig ist. Der CE-Kennzeichnung muß die Kennummer der Benannten Stelle hinzugefügt werden, die an der Durchführung des Konformitätsbewertungsverfahrens nach den Anhängen 2, 4 und 5 der Richtlinie 90/385/EWG, der Anhänge II, IV, V und

VI der Richtlinie 53/42/EWG sowie den Anhängen II, IV, VI und VII der Richtlinie 98/79/EG beteiligt war, das zur Berechtigung zur Anbringung der CE-Kennzeichnung geführt hat. Bei Medizinprodukten, die eine CE-Kennzeichnung tragen müssen und in sterilem Zustand in den Verkehr gebracht werden, muß die CE-Kennzeichnung auf der Steril-Verpackung und gegebenenfalls auf der Handelspackung angebracht sein. Ist für ein Medizinprodukt ein Konformitätsbewertungsverfahren vorgeschrieben, das nicht von einer Benannten Stelle durchgeführt werden muß, darf der CE-Kennzeichnung keine Kennummer einer Benannten Stelle hinzugefügt werden.

§ 10[1]
Voraussetzungen für das erstmalige Inverkehrbringen und die Inbetriebnahme von Systemen und Behandlungseinheiten sowie für das Sterilisieren von Medizinprodukten

(1) Medizinprodukte, die eine CE-Kennzeichnung tragen und die entsprechend ihrer Zweckbestimmung innerhalb der vom Hersteller vorgesehenen Anwendungsbeschränkungen zusammengesetzt werden, um in Form eines Systems oder einer Behandlungseinheit erstmalig in den Verkehr gebracht zu werden, müssen keinem Konformitätsbewertungsverfahren unterzogen werden. Wer für die Zusammensetzung des Systems oder der Behandlungseinheit verantwortlich ist, muß in diesem Fall eine Erklärung nach Maßgabe der Rechtsverordnung nach § 37 Abs. 1 abgeben.

(2) Enthalten das System oder die Behandlungseinheit Medizinprodukte oder sonstige Produkte, die keine CE-Kennzeichnung nach Maßgabe dieses Gesetzes tragen, oder ist die gewählte Kombination von Medizinprodukten nicht mit deren ursprünglicher Zweckbestimmung vereinbar, muß das System oder die Behandlungseinheit einem Konformitätsbewertungsverfahren nach Maßgabe der Rechtsverordnung nach § 37 Abs. 1 unterzogen werden.

(3) Wer Systeme oder Behandlungseinheiten gemäß Absatz 1 oder 2 oder andere Medizinprodukte, die eine CE-Kennzeichnung tragen, für die der Hersteller eine Sterilisation vor ihrer Verwendung vorgesehen hat, für das erstmalige Inverkehrbringen sterilisiert, muß dafür nach Maßgabe der Rechtsverordnung nach § 37 Abs. 1 ein Konformitätsbewertungsverfahren durchführen und eine Erklärung abgeben. Dies gilt entsprechend, wenn Medizinprodukte, die steril angewendet werden, nach dem erstmaligen Inverkehrbringen aufbereitet und an andere abgegeben werden.

(4) Medizinprodukte, Systeme und Behandlungseinheiten gemäß der Absätze 1 und 3 sind nicht mit einer zusätzlichen CE-Kennzeichnung zu versehen. Wer Systeme oder Behandlungseinheiten nach Absatz 1 zusammensetzt oder diese sowie Medizinprodukte nach Absatz 3 sterilisiert, hat dem Medizinprodukt nach Maßgabe des § 7 die nach den Nummern 11 bis 15 des Anhangs I der Richtlinie 90/385/EWG, nach den Nummern 13.1, 13.3, 13.4 und 13.6 des Anhangs I der Richtlinie 93/42/EWG oder den Nummern 8.1, 8.3 bis 8.5 und 8.7 des Anhangs I der Richtlinie 98/79/EG erforderlichen Informationen beizufügen, die auch die von dem Hersteller der Produkte, die zu dem System oder der Behand-

lungseinheit zusammengesetzt wurden, mitgelieferten Hinweise enthalten müssen.

1 § 10 geändert mit Wirkung ab 7.8.1998 durch Art.1 des Gesetzes vom 6.8.1998 (BGBl. I S. 2005).

§ 11
Sondervorschriften für das Inverkehrbringen und die Inbetriebnahme

(1) Abweichend von den Vorschriften des § 6 Abs. 1 und 2 kann die zuständige Bundesoberbehörde auf begründeten Antrag das erstmalige Inverkehrbringen oder die Inbetriebnahme einzelner Medizinprodukte, bei denen die Verfahren nach Maßgabe der Rechtsverordnung nach § 37 Abs. 1 nicht durchgeführt wurden, in Deutschland befristet zulassen, wenn deren Anwendung im Interesse des Gesundheitsschutzes liegt. Die Zulassung kann auf begründeten Antrag verlängert werden.

(2) Medizinprodukte dürfen nur an den Anwender abgegeben werden, wenn die für ihn bestimmten Informationen in deutscher Sprache abgefasst sind. In begründeten Fällen kann eine andere für den Anwender des Medizinproduktes leicht verständliche Sprache vorgesehen oder die Unterrichtung des Anwenders durch andere Maßnahmen gewährleistet werden. Dabei müssen jedoch die sicherheitsbezogenen Informationen in deutscher Sprache oder in der Sprache des Anwenders vorliegen.

(3) Regelungen über die Verschreibungspflicht von Medizinprodukten können durch Rechtsverordnung nach § 37 Abs. 2, Regelungen über die Vertriebswege von Medizinprodukten durch Rechtsverordnung nach § 37 Abs. 3 getroffen werden.

(4) Durch Rechtsverordnung nach § 37 Abs. 4 können Regelungen für Betriebe und Einrichtungen erlassen werden, die Medizinprodukte in Deutschland in den Verkehr bringen oder lagern.

§ 12
Sonderanfertigungen, Medizinprodukte aus In-Haus-Herstellung, Medizinprodukte zur klinischen Prüfung oder für Leistungsbewertungszwecke, Ausstellen

(1) Sonderanfertigungen dürfen nur in den Verkehr gebracht oder in Betrieb genommen werden, wenn die Grundlegenden Anforderungen nach § 7, die auf sie unter Berücksichtigung ihrer Zweckbestimmung anwendbar sind, erfüllt sind und das für sie vorgesehene Konformitätsbewertungsverfahren nach Maßgabe der Rechtsverordnung nach § 37 Abs. 1 durchgeführt worden ist. Der Verantwortliche nach § 5 ist verpflichtet, der zuständigen Behörde auf Anforderung eine Liste der Sonderanfertigungen vorzulegen. Für die Inbetriebnahme von Medizinprodukten aus In-Haus-Herstellung finden die Vorschriften des Satzes 1 entsprechende Anwendung.

(2) Medizinprodukte, die zur klinischen Prüfung bestimmt sind, dürfen zu diesem Zwecke an Ärzte, Zahnärzte oder sonstige Personen, die auf Grund ihrer be-

ruflichen Qualifikation zur Durchführung dieser Prüfungen befugt sind, nur abgegeben werden, wenn bei aktiven implantierbaren Medizinprodukten die Anforderungen der Nummer 3.2 Satz 1 und 2 des Anhangs 6 der Richtlinie 90/385/EWG und bei sonstigen Medizinprodukten die Anforderungen der Nummer 3.2 des Anhangs VIII der Richtlinie 93/42/EWG erfüllt sind. Der Auftraggeber der klinischen Prüfung muss die Dokumentation nach Nummer 3.2 des Anhangs 6 der Richtlinie 90/385/EWG mindestens zehn Jahre und die Dokumentation nach Nummer 3.2 des Anhangs VIII der Richtlinie 93/42/EWG mindestens fünf Jahre nach Beendigung der Prüfung aufbewahren.

(3) In-vitro-Diagnostika für Leistungsbewertungsprüfungen dürfen zu diesem Zwecke an Ärzte, Zahnärzte oder sonstige Personen, die auf Grund ihrer beruflichen Qualifikation zur Durchführung dieser Prüfungen befugt sind, nur abgegeben werden, wenn die Anforderungen der Nummer 3 des Anhangs VIII der Richtlinie 98/79/EG erfüllt sind. Der Auftraggeber der Leistungsbewertungsprüfung muss die Dokumentation nach Nummer 3 des Anhangs VIII der Richtlinie 98/79/EG mindestens fünf Jahre nach Beendigung der Prüfung aufbewahren.

(4) Medizinprodukte, die nicht den Voraussetzungen nach § 6 Abs. 1 und 2 oder § 10 entsprechen, dürfen nur ausgestellt werden, wenn ein sichtbares Schild deutlich darauf hinweist, dass sie nicht den Anforderungen entsprechen und erst erworben werden können, wenn die Übereinstimmung hergestellt ist. Bei Vorführungen sind die erforderlichen Vorkehrungen zum Schutz von Personen zu treffen. Nach Satz 1 ausgestellte In-vitro-Diagnostika dürfen an Proben, die von einem Besucher der Ausstellung stammen, nicht angewendet werden.

§ 13
Klassifizierung von Medizinprodukten, Abgrenzung zu anderen Produkten

(1) Medizinprodukte mit Ausnahme der In-vitro-Diagnostika und der aktiven implantierbaren Medizinprodukte werden Klassen zugeordnet. Die Klassifizierung erfolgt nach den Klassifizierungsregeln des Anhangs IX der Richtlinie 93/42/EWG.

(2) Bei Meinungsverschiedenheiten zwischen dem Hersteller und einer Benannten Stelle über die Anwendung der vorgenannten Regeln hat die Benannte Stelle der zuständigen Behörde die Angelegenheit zur Entscheidung vorzulegen.

(3) Zur Klassifizierung von Medizinprodukten und zur Abgrenzung von Medizinprodukten zu anderen Produkten kann die zuständige Behörde die zuständige Bundesoberbehörde um eine Stellungnahme ersuchen.

§ 14
Errichten, Betreiben, Anwenden und Instandhalten von Medizinprodukten

Medizinprodukte dürfen nur nach Maßgabe der Rechtsverordnung nach § 37 Abs. 5 errichtet, betrieben, angewendet und in Stand gehalten werden. Sie dürfen nicht betrieben und angewendet werden, wenn sie Mängel aufweisen, durch die Patienten, Beschäftigte oder Dritte gefährdet werden können.

Dritter Abschnitt
Benannte Stellen und Bescheinigungen

§ 15
Benennung und Überwachung der Stellen, Beauftragung von Prüflaboratorien

(1) Das Bundesministerium für Gesundheit teilt dem Bundesministerium für Wirtschaft und Technologie die von der zuständigen Behörde für die Durchführung von Aufgaben im Zusammenhang mit der Konformitätsbewertung nach Maßgabe der Rechtsverordnung nach § 37 Abs. 1 benannten Stellen und deren Aufgabengebiete mit, die von diesem an die Kommission der Europäischen Gemeinschaften und die anderen Vertragsstaaten des Abkommens über den Europäischen Wirtschaftsraum weitergeleitet werden. Voraussetzung für die Benennung ist, dass die Befähigung der Stelle zur Wahrnehmung ihrer Aufgaben sowie die Einhaltung der Kriterien des Anhangs 8 der Richtlinie 90/385/EWG, des Anhangs XI der Richtlinie 93/42/EWG oder des Anhangs IX der Richtlinie 98/79/EG entsprechend den Verfahren, für die sie benannt werden soll, durch die zuständige Behörde in einem Akkreditierungsverfahren festgestellt wurden. Die Akkreditierung kann unter Auflagen erteilt werden und ist zu befristen. Erteilung, Ablauf, Rücknahme, Widerruf und Erlöschen der Akkreditierung sind dem Bundesministerium für Gesundheit unverzüglich anzuzeigen. Auf Verlangen der Stelle hat nach Akkreditierung ihre Benennung zu unterbleiben.

(2) Die zuständige Behörde überwacht die Einhaltung der in Absatz 1 für Benannte Stellen festgelegten Verpflichtungen und Anforderungen. Sie trifft die zur Beseitigung festgestellter Mängel oder zur Verhütung künftiger Verstöße notwendigen Anordnungen. Die Überwachung der Benannten Stellen, die an der Durchführung von Konformitätsbewertungsverfahren für Medizinprodukte, die ionisierende Strahlen erzeugen oder radioaktive Stoffe enthalten, beteiligt sind, wird insoweit im Auftrag des Bundes durch die Länder ausgeführt. Die zuständige Behörde kann von der Benannten Stelle und ihrem mit der Leitung und der Durchführung von Fachaufgaben beauftragten Personal die zur Erfüllung ihrer Überwachungsaufgaben erforderlichen Auskünfte und sonstige Unterstützung verlangen; sie ist befugt, die Benannte Stelle bei Überprüfungen zu begleiten. Ihre Beauftragten sind befugt, zu den Betriebs- und Geschäftszeiten Grundstücke und Geschäftsräume sowie Prüflaboratorien zu betreten und zu besichtigen und die Vorlage von Unterlagen insbesondere über die Erteilung der Bescheinigungen und zum Nachweis der Erfüllung der Anforderungen des Absatzes 1 Satz 2 zu verlangen. Das Betretungsrecht erstreckt sich auch auf Grundstücke des Herstellers, soweit die Überwachung dort erfolgt. § 26 Abs. 4 und 5 gilt entsprechend.

(3) Stellen, die der Kommission der Europäischen Gemeinschaften und den anderen Mitgliedstaaten der Europäischen Gemeinschaften auf Grund eines Rechtsaktes des Rates oder der Kommission der Europäischen Gemeinschaften von einem Vertragsstaat des Abkommens über den Europäischen Wirtschaftsraum mitgeteilt wurden, sind ebenfalls Benannte Stellen nach Absatz 1.

(4) Die Benannten Stellen werden mit ihren jeweiligen Aufgaben und ihrer Kennnummer von der Kommission der Europäischen Gemeinschaften im Amtsblatt der Europäischen Gemeinschaften und vom Bundesministerium für Gesundheit im Bundesanzeiger bekannt gemacht.

(5) Soweit eine Benannte Stelle zur Erfüllung ihrer Aufgaben Prüflaboratorien beauftragt, muss sie sicherstellen, dass diese die Kriterien des Anhangs 8 der Richtlinie 90/385/EWG, des Anhangs XI der Richtlinie 93/42/EWG oder des Anhangs IX der Richtlinie 98/79/EG entsprechend den Verfahren, für die sie beauftragt werden sollen, erfüllen. Die Erfüllung der Mindestkriterien kann in einem Akkreditierungsverfahren durch die zuständige Behörde festgestellt werden.

§ 16
Erlöschen, Rücknahme, Widerruf und Ruhen der Akkreditierung und Benennung

(1) Akkreditierung und Benennung erlöschen mit der Einstellung des Betriebs der Benannten Stelle oder durch Verzicht. Die Einstellung oder der Verzicht sind der zuständigen Behörde unverzüglich schriftlich mitzuteilen.

(2) Die zuständige Behörde nimmt die Akkreditierung und Benennung zurück, soweit nachträglich bekannt wird, dass eine Benannte Stelle bei der Benennung nicht die Voraussetzungen für eine Akkreditierung und Benennung erfüllt hat; sie widerruft die Akkreditierung und Benennung, soweit die Voraussetzungen für eine Akkreditierung und Benennung nachträglich weggefallen sind. An Stelle des Widerrufs kann das Ruhen der Akkreditierung und Benennung angeordnet werden.

(3) In den Fällen der Absätze 1 und 2 ist die bisherige Benannte Stelle verpflichtet, alle einschlägigen Informationen und Unterlagen der Benannten Stelle zur Verfügung zu stellen, mit der der Hersteller die Fortführung der Konformitätsbewertungsverfahren vereinbart.

(4) Die zuständige Behörde teilt das Erlöschen, die Rücknahme und den Widerruf unverzüglich dem Bundesministerium für Gesundheit sowie den anderen zuständigen Behörden in Deutschland unter Angabe der Gründe und der für notwendig erachteten Maßnahmen mit. Das Bundesministerium für Gesundheit unterrichtet darüber unverzüglich das Bundesministerium für Wirtschaft und Technologie, das unverzüglich die Kommission der Europäischen Gemeinschaften und die anderen Vertragsstaaten des Abkommens über den Europäischen Wirtschaftsraum unterrichtet. Erlöschen, Rücknahme und Widerruf einer Benennung sind vom Bundesministerium für Gesundheit im Bundesanzeiger bekannt zu machen.

§ 17
Geltungsdauer von Bescheinigungen der Benannten Stellen

(1) Soweit die von einer Benannten Stelle im Rahmen eines Konformitätsbewertungsverfahrens nach Maßgabe der Rechtsverordnung nach § 37 Abs. 1 erteilte Bescheinigung eine begrenzte Geltungsdauer hat, kann die Geltungsdauer auf

Antrag um jeweils fünf Jahre verlängert werden. Sollte diese Benannte Stelle nicht mehr bestehen oder andere Gründe den Wechsel der Benannten Stelle erfordern, kann der Antrag bei einer anderen Benannten Stelle gestellt werden.

(2) Mit dem Antrag auf Verlängerung ist ein Bericht einzureichen, der Angaben darüber enthält, ob und in welchem Umfang sich die Beurteilungsmerkmale für die Konformitätsbewertung seit der Erteilung oder Verlängerung der Konformitätsbescheinigung geändert haben. Soweit nichts anderes mit der Benannten Stelle vereinbart wurde, ist der Antrag spätestens sechs Monate vor Ablauf der Gültigkeitsfrist zu stellen.

§ 18
Einschränkung, Aussetzung und Zurückziehung von Bescheinigungen, Unterrichtungspflichten

(1) Stellt eine Benannte Stelle fest, dass die Voraussetzungen zur Ausstellung einer Bescheinigung vom Verantwortlichen nach § 5 nicht oder nicht mehr erfüllt werden, schränkt sie unter Berücksichtigung des Grundsatzes der Verhältnismäßigkeit die ausgestellte Bescheinigung ein, setzt sie aus oder zieht sie zurück, es sei denn, dass der Verantwortliche durch geeignete Abhilfemaßnahmen die Übereinstimmung mit den Voraussetzungen gewährleistet.

(2) Vor der Entscheidung über eine Maßnahme nach Absatz 1 ist der Hersteller von der Benannten Stelle anzuhören, es sei denn, dass eine solche Anhörung angesichts der Dringlichkeit der zu treffenden Entscheidung nicht möglich ist.

(3) Die Benannte Stelle unterrichtet
1. unverzüglich das Deutsche Institut für medizinische Dokumentation und Information (DIMDI) über alle ausgestellten, geänderten und ergänzten sowie die für sie zuständige Behörde über alle abgelehnten, eingeschränkten, ausgesetzten und zurückgezogenen Bescheinigungen; § 25 Abs. 5 und 6 gilt entsprechend,
2. die anderen Benannten Stellen über alle eingeschränkten, ausgesetzten und zurückgezogenen Bescheinigungen sowie auf Anfrage über ausgestellte und abgelehnte Bescheinigungen; zusätzliche Informationen werden, soweit erforderlich, auf Anfrage zur Verfügung gestellt.

(4) Über eingeschränkte, ausgesetzte und zurückgezogene Bescheinigungen unterrichtet die zuständige Behörde unter Angabe der Gründe die für den Verantwortlichen nach § 5 zuständige Behörde sowie die zuständige Bundesoberbehörde und das Bundesministerium für Gesundheit, das die Kommission der Europäischen Gemeinschaften und die anderen Vertragsstaaten des Abkommens über den Europäischen Wirtschaftsraum unterrichtet.

Vierter Abschnitt
Klinische Bewertung, Leistungsbewertung, Klinische Prüfung, Leistungsbewertungsprüfung

§ 19
Klinische Bewertung, Leistungsbewertung

(1) Die Eignung von Medizinprodukten für den vorgesehenen Verwendungszweck ist durch eine klinische Bewertung anhand von klinischen Daten zu belegen, soweit nicht in begründeten Ausnahmefällen andere Daten ausreichend sind. Die klinische Bewertung schließt die Beurteilung von unerwünschten Wirkungen ein und ist zu stützen auf
1. Daten aus der wissenschaftlichen Literatur, die die vorgesehene Anwendung des Medizinproduktes und die dabei zum Einsatz kommenden Techniken behandeln, sowie einen schriftlichen Bericht, der eine kritische Würdigung dieser Daten enthält, oder
2. die Ergebnisse aller klinischen Prüfungen.

(2) Die Eignung von In-vitro-Diagnostika für den vorgesehenen Verwendungszweck ist durch eine Leistungsbewertung anhand geeigneter Daten zu belegen. Die Leistungsbewertung ist zu stützen auf
1. Daten aus der wissenschaftlichen Literatur, die die vorgesehene Anwendung des Medizinproduktes und die dabei zum Einsatz kommenden Techniken behandeln, sowie einen schriftlichen Bericht, der eine kritische Würdigung dieser Daten enthält, oder
2. die Ergebnisse aller Leistungsbewertungsprüfungen oder sonstigen geeigneten Prüfungen.

§ 20
Allgemeine Voraussetzungen zur klinischen Prüfung

(1) Die klinische Prüfung eines Medizinproduktes darf bei Menschen nur durchgeführt werden, wenn und solange
1. die Risiken, die mit ihr für die Person verbunden sind, bei der sie durchgeführt werden soll, gemessen an der voraussichtlichen Bedeutung des Medizinproduktes für die Heilkunde ärztlich vertretbar sind,
2. die Person, bei der sie durchgeführt werden soll, ihre Einwilligung hierzu erteilt hat, nachdem sie durch einen Arzt, bei für die Zahnheilkunde bestimmten Medizinprodukten auch durch einen Zahnarzt, über Wesen, Bedeutung und Tragweite der klinischen Prüfung aufgeklärt worden ist und mit dieser Einwilligung zugleich erklärt, dass sie mit der im Rahmen der klinischen Prüfung erfolgenden Aufzeichnung von Gesundheitsdaten und mit der Einsichtnahme zu Prüfungszwecken durch Beauftragte des Auftraggebers oder der zuständigen Behörde einverstanden ist,
3. die Person, bei der sie durchgeführt werden soll, nicht auf gerichtliche oder behördliche Anordnung in einer Anstalt verwahrt ist,
4. sie von einem entsprechend qualifizierten und spezialisierten Arzt, bei für die Zahnheilkunde bestimmten Medizinprodukten auch von einem Zahn-

arzt, oder einer sonstigen entsprechend qualifizierten und befugten Person geleitet wird, die mindestens eine zweijährige Erfahrung in der klinischen Prüfung von Medizinprodukten nachweisen können,

5. soweit erforderlich, eine dem jeweiligen Stand der wissenschaftlichen Erkenntnisse entsprechende biologische Sicherheitsprüfung oder sonstige für die vorgesehene Zweckbestimmung des Medizinproduktes erforderliche Prüfung durchgeführt worden ist,
6. soweit erforderlich, die sicherheitstechnische Unbedenklichkeit für die Anwendung des Medizinproduktes unter Berücksichtigung des Standes der Technik sowie der Arbeitsschutz- und Unfallverhütungsvorschriften nachgewiesen wird,
7. der Leiter der klinischen Prüfung über die Ergebnisse der biologischen Sicherheitsprüfung und der Prüfung der technischen Unbedenklichkeit sowie die voraussichtlich mit der klinischen Prüfung verbundenen Risiken informiert worden ist,
8. ein dem jeweiligen Stand der wissenschaftlichen Erkenntnisse entsprechender Prüfplan vorhanden ist und
9. für den Fall, daß bei der Durchführung der klinischen Prüfung ein Mensch getötet oder der Körper oder die Gesundheit eines Menschen verletzt oder beeinträchtigt wird, eine Versicherung nach Maßgabe des Absatzes 3 besteht, die auch Leistungen gewährt, wenn kein anderer für den Schaden haftet.

(2) Eine Einwilligung nach Absatz 1 Nr. 2 ist nur wirksam, wenn die Person, die sie abgibt,
1. geschäftsfähig und in der Lage ist, Wesen, Bedeutung und Tragweite der klinischen Prüfung einzusehen und ihren Willen hiernach zu bestimmen, und
2. die Einwilligung selbst und schriftlich erteilt hat.
Eine Einwilligung kann jederzeit widerrufen werden.

(3) Die Versicherung nach Absatz 1 Nr. 9 muss zugunsten der von der klinischen Prüfung betroffenen Person bei einem in Deutschland zum Geschäftsbetrieb befugten Versicherer genommen werden. Ihr Umfang muss in einem angemessenen Verhältnis zu den mit der klinischen Prüfung verbundenen Risiken stehen und auf der Grundlage der Risikoabschätzung so festgelegt werden, dass für jeden Fall des Todes oder der dauernden Erwerbsunfähigkeit einer von der klinischen Prüfung betroffenen Person mindestens 500 000 Euro zur Verfügung stehen. Soweit aus der Versicherung geleistet wird, erlischt ein Anspruch auf Schadensersatz.

(4) Auf eine klinische Prüfung bei Minderjährigen finden die Absätze 1 bis 3 mit folgender Maßgabe Anwendung:
1. Das Medizinprodukt muß zum Erkennen oder zum Verhüten von Krankheiten bei Minderjährigen bestimmt sein.
2. Die Anwendung des Medizinproduktes muß nach den Erkenntnissen der medizinischen Wissenschaft angezeigt sein, um bei dem Minderjährigen Krankheiten zu erkennen oder ihn vor Krankheiten zu schützen.
3. Die klinische Prüfung an Erwachsenen darf nach den Erkenntnissen der medizinischen Wissenschaft keine ausreichenden Prüfergebnisse erwarten lassen.

4. Die Einwilligung wird durch den gesetzlichen Vertreter oder Betreuer abgegeben. Sie ist nur wirksam, wenn dieser durch einen Arzt, bei für die Zahnheilkunde bestimmten Medizinprodukten auch durch einen Zahnarzt, über Wesen, Bedeutung und Tragweite der klinischen Prüfung aufgeklärt worden ist. Ist der Minderjährige in der Lage, Wesen, Bedeutung und Tragweite der klinischen Prüfung einzusehen und seinen Willen hiernach zu bestimmen, so ist auch seine schriftliche Einwilligung erforderlich.

(5) Auf eine klinische Prüfung bei Schwangeren oder Stillenden finden die Absätze 1 bis 4 mit folgender Maßgabe Anwendung: Die klinische Prüfung darf nur durchgeführt werden, wenn

1. das Medizinprodukt dazu bestimmt ist, bei schwangeren oder stillenden Frauen oder bei einem ungeborenen Kind Krankheiten zu verhüten, zu erkennen, zu heilen oder zu lindern,
2. die Anwendung des Medizinproduktes nach den Erkenntnissen oder medizinischen Wissenschaft angezeigt ist, um bei der schwangeren oder stillenden Frau oder bei einem ungeborenen Kind Krankheiten oder deren Verlauf zu erkennen, Krankheiten zu heilen oder zu lindern oder die schwangere oder stillende Frau oder das ungeborene Kind vor Krankheiten zu schützen,
3. nach den Erkenntnissen der medizinischen Wissenschaft die Durchführung der klinischen Prüfung für das ungeborene Kind keine unvertretbaren Risiken erwarten läßt und
4. die klinische Prüfung nach den Erkenntnissen der medizinischen Wissenschaft nur dann ausreichende Prüfergebnisse erwarten läßt, wenn sie an schwangeren oder stillenden Frauen durchgeführt wird.

(6) Die klinische Prüfung ist vom Auftraggeber der zuständigen Behörde sowie von den beteiligten Prüfeinrichtungen den für sie zuständigen Behörden anzuzeigen. Hat der Auftraggeber seinen Sitz nicht in Deutschland, ist die Anzeige bei der Behörde zu erstatten, in deren Bereich der Leiter der klinischen Prüfung seinen Sitz hat; hat dieser seinen Sitz auch nicht in Deutschland, ist die Anzeige bei der Behörde zu erstatten, in deren Bereich mit der klinischen Prüfung begonnen wird. Die Anzeige durch den Auftraggeber muss bei aktiven implantierbaren Medizinprodukten die Angaben nach Nummer 2.2 des Anhangs 6 der Richtlinie 90/385/EWG und bei sonstigen Medizinprodukten die Angaben nach Nummer 2.2 des Anhangs VIII der Richtlinie 93/42/EWG enthalten. Die Anzeige der beteiligten Prüfeinrichtungen muss den Namen und die Anschrift der Einrichtung sowie Angaben zum Produkt, zum Auftraggeber, zum geplanten Beginn und der vorgesehenen Dauer der Prüfung enthalten. § 25 Abs. 5 und 6 gilt entsprechend. Der Auftraggeber der klinischen Prüfung muss die Angaben nach Satz 3 für aktive implantierbare Medizinprodukte mindestens zehn Jahre, für sonstige Medizinprodukte mindestens fünf Jahre nach Beendigung der Prüfung aufbewahren.

(7) Mit der klinischen Prüfung darf, soweit nichts anderes bestimmt ist, in Deutschland erst begonnen werden, nachdem die Anzeigen nach Absatz 6 Satz 1 erfolgt sind und eine zustimmende Stellungnahme einer unabhängigen und interdisziplinär besetzten sowie beim Bundesinstitut für Arzneimittel und

Medizinprodukte registrierten Ethikkommission vorliegt. Bei multizentrischen Studien genügt ein Votum. Aus der Stellungnahme muss hervorgehen, dass die in Absatz 8 Satz 1 genannten Aspekte geprüft sind. Soweit eine zustimmende Stellungnahme einer Ethikkommission nicht vorliegt, kann mit der betreffenden klinischen Prüfung nach Ablauf einer Frist von 60 Tagen nach der Anzeige durch den Auftraggeber begonnen werden, es sei denn, die zuständige Behörde hat innerhalb dieser Frist eine auf Gründe der öffentlichen Gesundheit oder der öffentlichen Ordnung gestützte gegenteilige Entscheidung mitgeteilt.

(8) Die Ethikkommission hat die Aufgabe, den Prüfplan mit den erforderlichen Unterlagen, insbesondere nach ethischen und rechtlichen Gesichtspunkten, mit mindestens fünf Mitgliedern mündlich zu beraten und zu prüfen, ob die Voraussetzungen nach Absatz 1 Nr. 1 und 4 bis 9, Absatz 4 Nr. 1 bis 3 und Absatz 5 vorliegen. Eine Registrierung erfolgt nur, wenn in einer veröffentlichten Verfahrensordnung die Mitglieder, die aus medizinischen Sachverständigen und nicht medizinischen Mitgliedern bestehen und die erforderliche Fachkompetenz aufweisen, das Verfahren der Ethikkommission, die Anschrift und eine angemessene Vergütung aufgeführt sind.

§ 21
Besondere Voraussetzungen zur klinischen Prüfung

Auf eine klinische Prüfung bei einer Person, die an einer Krankheit leidet, zu deren Behebung das zu prüfende Medizinprodukt angewendet werden soll, findet § 20 Abs. 1 bis 3 sowie 6 bis 8 mit folgender Maßgabe Anwendung:

1. Die klinische Prüfung darf nur durchgeführt werden, wenn die Anwendung des zu prüfenden Medizinproduktes nach den Erkenntnissen der medizinischen Wissenschaft angezeigt ist, um das Leben des Kranken zu retten, seine Gesundheit wiederherzustellen oder sein Leiden zu erleichtern.

2. Die klinische Prüfung darf auch bei einer Person, die geschäftsunfähig oder in der Geschäftsfähigkeit beschränkt ist, durchgeführt werden. Sie bedarf der Einwilligung des gesetzlichen Vertreters. Daneben bedarf es auch der Einwilligung des Vertretenen, wenn er in der Lage ist, Wesen, Bedeutung und Tragweite der klinischen Prüfung einzusehen und seinen Willen hiernach zu bestimmen.

3. Die Einwilligung des gesetzlichen Vertreters ist nur wirksam, wenn dieser durch einen Arzt, bei für die Zahnheilkunde bestimmten Medizinprodukten auch durch einen Zahnarzt, über Wesen, Bedeutung und Tragweite der klinischen Prüfung aufgeklärt worden ist. Auf den Widerruf findet § 20 Abs. 2 Satz 2 Anwendung. Der Einwilligung des gesetzlichen Vertreters bedarf es so lange nicht, als eine Behandlung ohne Aufschub erforderlich ist, um das Leben des Kranken zu retten, seine Gesundheit wiederherzustellen oder sein Leiden zu erleichtern, und eine Erklärung über die Einwilligung nicht herbeigeführt werden kann.

4. Die Einwilligung des Kranken oder des gesetzlichen Vertreters ist auch wirksam, wenn sie mündlich gegenüber dem behandelnden Arzt, bei für die Zahn-

heilkunde bestimmten Medizinprodukten auch gegenüber dem behandelnden Zahnarzt, in Gegenwart eines Zeugen abgegeben wird.
5. Die Aufklärung und die Einwilligung des Kranken oder seines gesetzlichen Vertreters können in besonders schweren Fällen entfallen, wenn durch die Aufklärung der Behandlungserfolg nach der Nummer 1 gefährdet würde und ein entgegenstehender Wille des Kranken nicht erkennbar ist.

§ 22
Durchführung der klinischen Prüfung

Neben den §§ 20 und 21 gelten für die Durchführung klinischer Prüfungen von aktiven implantierbaren Medizinprodukten auch die Bestimmungen der Nummer 2.3 des Anhangs 7 der Richtlinie 90/385/EWG und für die Durchführung klinischer Prüfungen von sonstigen Medizinprodukten die Bestimmungen der Nummer 2.3 des Anhangs X der Richtlinie 93/42/EWG.

§ 23
Ausnahmen zur klinischen Prüfung

Die Bestimmungen der §§ 20 und 21 finden keine Anwendung, wenn eine klinische Prüfung mit Medizinprodukten durchgeführt wird, die nach den §§ 6 und 10 die CE-Kennzeichnung tragen dürfen, es sei denn, diese Prüfung hat eine andere Zweckbestimmung des Medizinproduktes zum Inhalt oder es werden zusätzlich invasive oder andere belastende Untersuchungen durchgeführt.

§ 24
Leistungsbewertungsprüfung

(1) Auf Leistungsbewertungsprüfungen von In-vitro-Diagnostika findet die Vorschrift des § 20 Abs. 1 bis 5, 7 und 8 entsprechende Anwendung, wenn
1. eine invasive Probenahme ausschließlich oder in zusätzlicher Menge zum Zwecke der Leistungsbewertung eines In-vitro-Diagnostikums erfolgt oder
2. im Rahmen der Leistungsbewertungsprüfung zusätzlich invasive oder andere belastende Untersuchungen durchgeführt werden oder
3. die im Rahmen der Leistungsbewertung erhaltenen Ergebnisse für die Diagnostik verwendet werden sollen, ohne dass sie mit etablierten Verfahren bestätigt werden können.

In den übrigen Fällen ist die Einwilligung der Person, von der die Proben entnommen werden, erforderlich, soweit das Persönlichkeitsrecht oder kommerzielle Interessen dieser Person berührt sind.

(2) Leistungsbewertungsprüfungen nach Absatz 1 Satz 1 sind vom Auftraggeber der zuständigen Behörde sowie von den beteiligten Prüfeinrichtungen den für sie zuständigen Behörden vor ihrem Beginn anzuzeigen. Die Anzeige durch den Auftraggeber muss die Angaben nach Nummer 2 des Anhangs VIII der Richtlinie 98/79/EG enthalten. Hat der Auftraggeber seinen Sitz nicht in Deutschland, ist die Anzeige bei der Behörde zu erstatten, in deren Bereich der Leiter der Leistungsbewertungsprüfung seinen Sitz hat oder, falls dies nicht zutrifft, in deren Bereich mit der Leistungsbewertungsprüfung begonnen wird. § 25 Abs. 5 und 6

gilt entsprechend. Die Anzeige der beteiligten Prüfeinrichtungen muss den Namen und die Anschrift der Einrichtung sowie Angaben zum Produkt, zum Auftraggeber, zum geplanten Beginn und der vorgesehenen Dauer der Leistungsbewertungsprüfung enthalten.

(3) Der Auftraggeber hat die Angaben nach Absatz 2 Satz 2 mindestens fünf Jahre nach Beendigung der Prüfung aufzubewahren.

Fünfter Abschnitt
Überwachung und Schutz vor Risiken

§ 25
Allgemeine Anzeigepflicht

(1) Wer als Verantwortlicher im Sinne von § 5 Satz 1 und 2 seinen Sitz in Deutschland hat und Medizinprodukte mit Ausnahme derjenigen nach § 3 Nr. 8 erstmalig in den Verkehr bringt, hat dies vor Aufnahme der Tätigkeit unter Angabe seiner Anschrift der zuständigen Behörde anzuzeigen; dies gilt entsprechend für Betriebe und Einrichtungen, die Medizinprodukte, die bestimmungsgemäß keimarm oder steril zur Anwendung kommen, für andere aufbereiten. Die Anzeige ist um die Bezeichnung des Medizinproduktes zu ergänzen.

(2) Wer Systeme oder Behandlungseinheiten nach § 10 Abs. 1 zusammensetzt oder diese sowie Medizinprodukte nach § 10 Abs. 3 sterilisiert und seinen Sitz in Deutschland hat, hat der zuständigen Behörde unter Angabe seiner Anschrift vor Aufnahme der Tätigkeit die Bezeichnung sowie bei Systemen oder Behandlungseinheiten die Beschreibung der betreffenden Medizinprodukte anzuzeigen.

(3) Wer als Verantwortlicher nach § 5 Satz 1 und 2 seinen Sitz in Deutschland hat und In-vitro-Diagnostika erstmalig in Verkehr bringt, hat der zuständigen Behörde unter Angabe seiner Anschrift vor Aufnahme der Tätigkeit anzuzeigen:
1. die die gemeinsamen technologischen Merkmale und Analyten betreffenden Angaben zu Reagenzien, Medizinprodukten mit Reagenzien und Kalibrier- und Kontrollmaterialien sowie bei sonstigen In-vitro-Diagnostika die geeigneten Angaben,
2. im Falle der In-vitro-Diagnostika gemäß Anhang II der Richtlinie 98/79/EG und der In-vitro-Diagnostika zur Eigenanwendung alle Angaben, die eine Identifizierung dieser In-vitro-Diagnostika ermöglichen, die analytischen und gegebenenfalls diagnostischen Leistungsdaten gemäß Anhang I Abschnitt A Nr. 3 der Richtlinie 98/79/EG, die Ergebnisse der Leistungsbewertung sowie Angaben zu Bescheinigungen,
3. bei einem „neuen In-vitro-Diagnostikum" im Sinne von § 3 Nr. 6 zusätzlich die Angabe, dass es sich um ein „neues In-vitro-Diagnostikum" handelt.

(4) Nachträgliche Änderungen der Angaben nach den Absätzen 1 bis 3 sowie eine Einstellung des Inverkehrbringens sind unverzüglich anzuzeigen.

(5) Die zuständige Behörde übermittelt die Daten gemäß den Absätzen 1 bis 4 dem Deutschen Institut für medizinische Dokumentation und Information zur

zentralen Verarbeitung und Nutzung nach § 33. Dieses unterrichtet auf Anfrage die Kommission der Europäischen Gemeinschaften und die anderen Vertragsstaaten des Abkommens über den Europäischen Wirtschaftsraum über Anzeigen nach den Absätzen 1 bis 4.

(6) Näheres zu den Absätzen 1 bis 5 regelt die Rechtsverordnung nach § 37 Abs. 8.

§ 26
Durchführung der Überwachung

(1) Betriebe und Einrichtungen mit Sitz in Deutschland, in denen Medizinprodukte hergestellt, klinisch geprüft, einer Leistungsbewertungsprüfung unterzogen, verpackt, ausgestellt, in den Verkehr gebracht, errichtet, betrieben, angewendet oder Medizinprodukte, die bestimmungsgemäß keimarm oder steril zur Anwendung kommen, für andere aufbereitet werden, unterliegen insoweit der Überwachung durch die zuständigen Behörden. Dies gilt auch für Personen, die diese Tätigkeiten geschäftsmäßig ausüben, sowie für Personen oder Personenvereinigungen, die Medizinprodukte für andere sammeln.

(2) Die zuständige Behörde trifft die zur Beseitigung festgestellter oder zur Verhütung künftiger Verstöße notwendigen Maßnahmen. Sie prüft in angemessenem Umfang unter besonderer Berücksichtigung möglicher Risiken der Medizinprodukte, ob die Voraussetzungen zum Inverkehrbringen und zur Inbetriebnahme erfüllt sind. Sie kann bei hinreichenden Anhaltspunkten für eine unrechtmäßige CE-Kennzeichnung oder eine von dem Medizinprodukt ausgehende Gefahr verlangen, dass der Verantwortliche im Sinne von § 5 das Medizinprodukt von einem Sachverständigen überprüfen lässt. Bei einem In-vitro-Diagnostikum nach § 3 Nr. 6 kann sie zu jedem Zeitpunkt innerhalb von zwei Jahren nach der Anzeige nach § 25 Abs. 3 und in begründeten Fällen die Vorlage eines Berichts über die Erkenntnisse aus den Erfahrungen mit dem neuen In-vitro-Diagnostikum nach dessen erstmaligem Inverkehrbringen verlangen.

(3) Die mit der Überwachung beauftragten Personen sind befugt,
1. Grundstücke, Geschäftsräume, Betriebsräume, Beförderungsmittel und zur Verhütung drohender Gefahr für die öffentliche Sicherheit und Ordnung auch Wohnräume zu den üblichen Geschäftszeiten zu betreten und zu besichtigen, in denen eine Tätigkeit nach Absatz 1 ausgeübt wird; das Grundrecht der Unverletzlichkeit der Wohnung (Artikel 13 des Grundgesetzes) wird insoweit eingeschränkt,
2. Medizinprodukte zu prüfen, insbesondere hierzu in Betrieb nehmen zu lassen, sowie Proben zu entnehmen,
3. Unterlagen über die Entwicklung, Herstellung, Prüfung, klinische Prüfung, Leistungsbewertungsprüfung oder Erwerb, Aufbereitung, Lagerung, Verpackung, Inverkehrbringen und sonstigen Verbleib der Medizinprodukte sowie über das im Verkehr befindliche Werbematerial einzusehen und hieraus in begründeten Fällen Abschriften oder Ablichtungen anzufertigen,
4. alle erforderlichen Auskünfte, insbesondere über die in Nummer 3 genannten Betriebsvorgänge, zu verlangen.

Für Proben, die nicht bei dem Verantwortlichen nach § 5 entnommen werden, ist eine angemessene Entschädigung zu leisten, soweit nicht ausdrücklich darauf verzichtet wird.

(4) Wer der Überwachung nach Absatz 1 unterliegt, hat Maßnahmen nach Absatz 3 Satz 1 Nr. 1 bis 3 zu dulden und die beauftragten Personen sowie die sonstigen in der Überwachung tätigen Personen bei der Erfüllung ihrer Aufgaben zu unterstützen. Dies beinhaltet insbesondere die Verpflichtung, diesen Personen die Medizinprodukte zugänglich zu machen, erforderliche Prüfungen zu gestatten, hierfür benötigte Mitarbeiter und Hilfsmittel bereitzustellen, Auskünfte zu erteilen und Unterlagen vorzulegen.

(5) Der im Rahmen der Überwachung zur Auskunft Verpflichtete kann die Auskunft auf solche Fragen verweigern, deren Beantwortung ihn selbst oder einen seiner in § 383 Abs. 1 Nr. 1 bis 3 der Zivilprozessordnung bezeichneten Angehörigen der Gefahr strafrechtlicher Verfolgung oder eines Verfahrens nach dem Gesetz über Ordnungswidrigkeiten aussetzen würde.

(6) Sachverständige, die im Rahmen des Absatzes 2 prüfen, müssen die dafür notwendige Sachkenntnis besitzen. Die Sachkenntnis kann auch durch ein Zertifikat einer von der zuständigen Behörde akkreditierten Stelle nachgewiesen werden.

(7) Die zuständige Behörde unterrichtet auf Anfrage das Bundesministerium für Gesundheit sowie die zuständigen Behörden der anderen Vertragsstaaten des Abkommens über den Europäischen Wirtschaftsraum über durchgeführte Überprüfungen, deren Ergebnisse sowie die getroffenen Maßnahmen.

§ 27
Verfahren bei unrechtmäßiger und unzulässiger Anbringung der CE-Kennzeichnung

(1) Stellt die zuständige Behörde fest, dass die CE-Kennzeichnung auf einem Medizinprodukt unrechtmäßig angebracht worden ist, ist der Verantwortliche nach § 5 verpflichtet, die Voraussetzungen für das rechtmäßige Anbringen der CE-Kennzeichnung nach Weisung der zuständigen Behörde zu erfüllen. Werden diese Voraussetzungen nicht erfüllt, so hat die zuständige Behörde das Inverkehrbringen dieses Medizinproduktes einzuschränken, von der Einhaltung bestimmter Auflagen abhängig zu machen, zu untersagen oder zu veranlassen, dass das Medizinprodukt vom Markt genommen wird. Sie unterrichtet davon die übrigen zuständigen Behörden in Deutschland und das Bundesministerium für Gesundheit, das die Kommission der Europäischen Gemeinschaften und die anderen Vertragsstaaten des Abkommens über den Europäischen Wirtschaftsraum hiervon unterrichtet.

(2) Trägt ein Produkt unzulässigerweise die CE-Kennzeichnung als Medizinprodukt, trifft die zuständige Behörde die erforderlichen Maßnahmen nach Absatz 1 Satz 2. Absatz 1 Satz 3 gilt entsprechend.

§ 28
Verfahren zum Schutze vor Risiken

(1) Die nach diesem Gesetz zuständige Behörde trifft alle erforderlichen Maßnahmen zum Schutze der Gesundheit und zur Sicherheit von Patienten, Anwendern und Dritten vor Gefahren durch Medizinprodukte, soweit nicht das Atomgesetz oder eine darauf gestützte Rechtsverordnung für Medizinprodukte, die ionisierende Strahlen erzeugen oder radioaktive Stoffe enthalten, für die danach zuständige Behörde entsprechende Befugnisse vorsieht.

(2) Die zuständige Behörde ist insbesondere befugt, Anordnungen, auch über die Schließung des Betriebs oder der Einrichtung, zu treffen, soweit es zur Abwehr einer drohenden Gefahr für die öffentliche Gesundheit, Sicherheit oder Ordnung geboten ist. Sie kann das Inverkehrbringen, die Inbetriebnahme, das Betreiben, die Anwendung der Medizinprodukte sowie den Beginn oder die weitere Durchführung der klinischen Prüfung oder der Leistungsbewertungsprüfung untersagen, beschränken oder von der Einhaltung bestimmter Auflagen abhängig machen oder den Rückruf oder die Sicherstellung der Medizinprodukte anordnen. Sie unterrichtet hiervon die übrigen zuständigen Behörden in Deutschland, die zuständige Bundesoberbehörde und das Bundesministerium für Gesundheit.

(3) Stellt die zuständige Behörde fest, dass CE gekennzeichnete Medizinprodukte oder Sonderanfertigungen die Gesundheit oder Sicherheit von Patienten, Anwendern oder Dritten oder deren Eigentum gefährden können, auch wenn sie sachgemäß installiert, in Stand gehalten oder ihrer Zweckbestimmung entsprechend angewendet werden und trifft sie deshalb Maßnahmen mit dem Ziel, das Medizinprodukt vom Markt zu nehmen oder das Inverkehrbringen oder die Inbetriebnahme zu verbieten oder einzuschränken, teilt sie diese umgehend unter Angabe von Gründen dem Bundesministerium für Gesundheit zur Einleitung eines Schutzklauselverfahrens nach Artikel 7 der Richtlinie 90/385/EWG, Artikel 8 der Richtlinie 93/42/EWG oder Artikel 8 der Richtlinie 98/79/EG mit. In den Gründen ist insbesondere anzugeben, ob die Nichtübereinstimmung mit den Vorschriften dieses Gesetzes zurückzuführen ist auf
1. die Nichteinhaltung der Grundlegenden Anforderungen,
2. eine unzulängliche Anwendung harmonisierter Normen oder Gemeinsamer Technischer Spezifikationen, sofern deren Anwendung behauptet wird, oder
3. einen Mangel der harmonisierten Normen oder Gemeinsamen Technischen Spezifikationen selbst.

(4) Die zuständige Behörde kann veranlassen, dass alle, die einer von einem Medizinprodukt ausgehenden Gefahr ausgesetzt sein können, rechtzeitig in geeigneter Form auf diese Gefahr hingewiesen werden. Eine hoheitliche Warnung der Öffentlichkeit ist zulässig, wenn bei Gefahr im Verzug andere ebenso wirksame Maßnahmen nicht oder nicht rechtzeitig getroffen werden können.

(5) Maßnahmen nach Artikel 14b der Richtlinie 93/42/EWG und Artikel 13 der Richtlinie 98/79/EG trifft das Bundesministerium für Gesundheit durch Rechtsverordnung nach § 37 Abs. 6.

§ 29
Medizinprodukte-Beobachtungs- und -Meldesystem

(1) Die zuständige Bundesoberbehörde hat, soweit nicht eine oberste Bundesbehörde im Vollzug des Atomgesetzes oder der auf Grund dieses Gesetzes erlassenen Rechtsverordnungen zuständig ist, zur Verhütung einer Gefährdung der Gesundheit oder der Sicherheit von Patienten, Anwendern oder Dritten die bei der Anwendung oder Verwendung von Medizinprodukten auftretenden Risiken, insbesondere Nebenwirkungen, wechselseitige Beeinflussung mit anderen Stoffen oder Produkten, Gegenanzeigen, Verfälschungen, Funktionsfehler, Fehlfunktionen und technische Mängel zentral zu erfassen, auszuwerten, zu bewerten und insoweit die zu ergreifenden Maßnahmen zu koordinieren, insbesondere, soweit sie folgende Vorkommnisse betreffen:
1. jede Funktionsstörung, jeden Ausfall oder jede Änderung der Merkmale oder der Leistung eines Medizinproduktes sowie jede Unsachgemäßheit der Kennzeichnung oder Gebrauchsanweisung, die direkt oder indirekt zum Tod oder zu einer schwerwiegenden Verschlechterung des Gesundheitszustandes eines Patienten oder eines Anwenders oder einer anderen Person geführt haben oder hätten führen können,
2. jeden Grund technischer oder medizinischer Art, der auf Grund der in Nummer 1 genannten Ursachen durch die Merkmale und die Leistungen eines Medizinproduktes bedingt ist und zum systematischen Rückruf von Medizinprodukten desselben Typs durch den Hersteller geführt hat.

§ 26 Abs. 2 Satz 2 findet entsprechende Anwendung. Die zuständige Bundesoberbehörde teilt das Ergebnis der Bewertung der zuständigen Behörde mit, die über notwendige Maßnahmen entscheidet. Die zuständige Bundesoberbehörde übermittelt Daten aus der Beobachtung, Sammlung, Auswertung und Bewertung von Risiken in Verbindung mit Medizinprodukten an das Deutsche Institut für Medizinische Dokumentation und Information zur zentralen Verarbeitung und Nutzung nach § 33. Näheres regelt die Rechtsverordnung nach § 37 Abs. 8.

(2) Soweit dies zur Erfüllung der in Absatz 1 aufgeführten Aufgaben erforderlich ist, dürfen an die danach zuständigen Behörden auch Name, Anschrift und Geburtsdatum von Patienten, Anwendern oder Dritten übermittelt werden. Die nach Absatz 1 zuständige Behörde darf die nach Landesrecht zuständige Behörde auf Ersuchen über die von ihr gemeldeten Fälle und die festgestellten Erkenntnisse in bezug auf personenbezogene Daten unterrichten. Bei der Zusammenarbeit nach Absatz 3 dürfen keine personenbezogenen Daten von Patienten übermittelt werden. Satz 3 gilt auch für die Übermittlung von Daten an das Informationssystem nach § 33.

(3) Die Behörde nach Absatz 1 wirkt bei der Erfüllung der dort genannten Aufgaben mit den Dienststellen der anderen Vertragsstaaten des Abkommens über den Europäischen Wirtschaftsraum und der Kommission der Europäischen Gemeinschaften, der Weltgesundheitsorganisation, den für die Gesundheit und den Arbeitsschutz zuständigen Behörden anderer Staaten, den für die Gesundheit, den Arbeitsschutz, den Strahlenschutz und das Mess-und Eichwesen zuständigen Behörden der Länder und den anderen fachlich berührten Bundesober-

behörden, Benannten Stellen in Deutschland, den zuständigen Trägern der gesetzlichen Unfallversicherung, dem Medizinischen Dienst der Spitzenverbände der Krankenkassen, den einschlägigen Fachgesellschaften, den Herstellern und Vertreibern sowie mit anderen Stellen zusammen, die bei der Durchführung ihrer Aufgaben Risiken von Medizinprodukten erfassen. Besteht der Verdacht, daß ein Zwischenfall durch eine elektromagnetische Einwirkung eines anderen Gerätes als ein Medizinprodukt verursacht wurde, ist das Bundesamt für Post und Telekommunikation zu beteiligen.

(4) Einzelheiten zur Durchführung der Aufgaben nach § 29 regelt der Sicherheitsplan nach § 37 Abs. 7.

§ 30
Sicherheitsplan für Medizinprodukte

(1) Wer als Verantwortlicher nach § 5 Satz 1 und 2 seinen Sitz in Deutschland hat, hat unverzüglich nach Aufnahme der Tätigkeit eine Person mit der zur Ausübung ihrer Tätigkeit erforderlichen Sachkenntnis und der erforderlichen Zuverlässigkeit als Sicherheitsbeauftragten für Medizinprodukte zu bestimmen.

(2) Der Verantwortliche nach § 5 Satz 1 und 2 hat der zuständigen Behörde den Sicherheitsbeauftragten sowie jeden Wechsel in der Person unverzüglich anzuzeigen. Die zuständige Behörde übermittelt die Daten nach Satz 1 an das Deutsche Institut für Medizinische Dokumentation und Information zur zentralen Verarbeitung und Nutzung nach § 33.

(3) Der Sicherheitsbeauftragte für Medizinprodukte hat bekanntgewordene Meldungen über Risiken bei Medizinprodukten zu sammeln, zu bewerten und die notwendigen Maßnahmen zu koordinieren. Er ist für die Erfüllung von Anzeigepflichten verantwortlich, soweit sie Medizinprodukterisiken betreffen.

(4) Der Nachweis der erforderlichen Sachkenntnis als Sicherheitsbeauftragter für Medizinprodukte wird erbracht durch
1. das Zeugnis über eine abgeschlossene naturwissenschaftliche, medizinische oder technische Hochschulausbildung oder
2. eine andere Ausbildung, die zur Durchführung der unter Absatz 4 genannten Aufgaben befähigt,

und eine mindestens zweijährige Berufserfahrung. Die Sachkenntnis ist auf Verlangen der zuständigen Behörde nachzuweisen.

(5) Der Sicherheitsbeauftragte für Medizinprodukte darf wegen der Erfüllung der ihm übertragenen Aufgaben nicht benachteiligt werden.

§ 31
Medizinprodukteberater

(1) Wer berufsmäßig Fachkreise fachlich informiert oder in die sachgerechte Handhabung der Medizinprodukte einweist (Medizinprodukteberater), darf diese Tätigkeit nur ausüben, wenn er die für die jeweiligen Medizinprodukte erforderliche Sachkenntnis und Erfahrung für die Information und, soweit erforder-

lich, für die Einweisung in die Handhabung der jeweiligen Medizinprodukte besitzt. Dies gilt auch für die fernmündliche Information.

(2) Die Sachkenntnis besitzt, wer
1. eine Ausbildung in einem naturwissenschaftlichen, medizinischen oder technischen Beruf erfolgreich abgeschlossen hat und auf die jeweiligen Medizinprodukte bezogen geschult worden ist oder
2. durch eine mindestens einjährige Tätigkeit, die in begründeten Fällen auch kürzer sein kann, Erfahrungen in der Information über die jeweiligen Medizinprodukte und, soweit erforderlich, in der Einweisung in deren Handhabung erworben hat.

(3) Der Medizinprodukteberater hat der zuständigen Behörde auf Verlangen seine Sachkenntnis nachzuweisen. Er hält sich auf dem neuesten Erkenntnisstand über die jeweiligen Medizinprodukte, um sachkundig beraten zu können. Der Auftraggeber hat für eine regelmäßige Schulung des Medizinprodukteberaters zu sorgen.

(4) Der Medizinprodukteberater hat Mitteilungen von Angehörigen der Fachkreise über Nebenwirkungen, wechselseitige Beeinflussungen, Fehlfunktionen, technische Mängel, Gegenanzeigen, Verfälschungen oder sonstige Risiken bei Medizinprodukten schriftlich aufzuzeichnen und unverzüglich dem Verantwortlichen nach § 5 Satz 1 und 2, oder dessen Sicherheitsbeauftragten für Medizinprodukte schriftlich zu übermitteln.

Sechster Abschnitt
Zuständige Behörden Rechtsverordnungen, sonstige Bestimmungen

§ 32
Zuständigkeitsabgrenzung zwischen Bundesoberbehörden

(1) Das Bundesinstitut für Arzneimittel und Medizinprodukte ist zuständig für die Bewertung hinsichtlich der technischen und medizinischen Anforderungen und der Sicherheit von Medizinprodukten, es sei denn, daß dieses Gesetz anderes vorschreibt oder andere Bundesoberbehörden zuständig sind, und hat die zuständigen Behörden und Benannten Stellen zu beraten.

(2) Das Paul-Ehrlich-Institut ist zuständig für die Aufgaben nach Absatz 1, soweit es sich um in Anhang II der Richtlinie 98/79/EG genannte In-vitro-Diagnostika handelt, die zur Prüfung der Unbedenklichkeit oder Verträglichkeit von Blut- oder Gewebespenden bestimmt sind oder Infektionskrankheiten betreffen. Beim Paul-Ehrlich-Institut kann ein fachlich unabhängiges Prüflabor eingerichtet werden, das mit Benannten Stellen und anderen Organisationen zusammenarbeiten kann.

(3) Die Physikalisch-Technische Bundesanstalt ist zuständig für die Sicherung der Einheitlichkeit des Messwesens in der Heilkunde und hat
1. Medizinprodukte mit Messfunktion gutachterlich zu bewerten und, soweit sie nach § 15 dafür benannt ist, Baumusterprüfungen durchzuführen,

2. Referenzmessverfahren, Normalmessgeräte und Prüfhilfsmittel zu entwickeln und auf Antrag zu prüfen und
3. die zuständigen Behörden und Benannten Stellen wissenschaftlich zu beraten.

§ 33
Datenbankgestütztes Informationssystem, Europäische Datenbank

(1) Das Deutsche Institut für medizinische Dokumentation und Information (DIMDI) richtet ein Informationssystem über Medizinprodukte zur Unterstützung des Vollzugs dieses Gesetzes ein und stellt den für die Medizinprodukte zuständigen Behörden des Bundes und der Länder die hierfür erforderlichen Informationen zur Verfügung. Es stellt die erforderlichen Daten für die Europäische Datenbank im Sinne von Artikel 14a der Richtlinie 93/42/EWG und Artikel 12 der Richtlinie 98/79/EG zur Verfügung. Eine Bereitstellung für Informationen an nicht-öffentliche Stellen ist zulässig, soweit dies die Rechtsverordnung nach § 37 Abs. 8 vorsieht. Für seine Leistungen kann es Gebühren erheben.

(2) Im Sinne des Absatzes 1 hat das dort genannte Institut insbesondere folgende Aufgaben:
1. zentrale Verarbeitung und Nutzung von Informationen gemäß § 25 Abs. 5, auch in Verbindung mit § 18 Abs. 3, § 20 Abs. 6 und § 24 Abs. 2,
2. zentrale Verarbeitung und Nutzung von Basisinformationen der in Verkehr befindlichen Medizinprodukte,
3. zentrale Verarbeitung und Nutzung von Daten aus der Beobachtung, Sammlung, Auswertung und Bewertung von Risiken in Verbindung mit Medizinprodukten,
4. Informationsbeschaffung und Übermittlung von Daten an Datenbanken anderer Mitgliedstaaten und Institutionen der Europäischen Gemeinschaften und anderer Vertragsstaaten des Abkommens über den Europäischen Wirtschaftsraum, insbesondere im Zusammenhang mit der Erkennung und Abwehr von Risiken in Verbindung mit Medizinprodukten,
5. Aufbau und Unterhaltung von Zugängen zu Datenbanken, die einen Bezug zu Medizinprodukten haben.

(3) Das in Absatz 1 genannte Institut ergreift die notwendigen Maßnahmen, damit Daten nur dazu befugten Personen übermittelt werden oder diese Zugang zu diesen Daten erhalten.

§ 34
Ausfuhr

(1) Auf Antrag eines Herstellers oder Bevollmächtigten stellt die zuständige Behörde für die Ausfuhr eine Bescheinigung über die Verkehrsfähigkeit des Medizinproduktes in Deutschland aus.

(2) Medizinprodukte, die einem Verbot nach § 4 Abs. 1 unterliegen, dürfen nur ausgeführt werden, wenn die zuständige Behörde des Bestimmungslandes die

Einfuhr genehmigt hat, nachdem sie von der zuständigen Behörde über die jeweiligen Verbotsgründe informiert wurde.

§ 35
Kosten

Für Amtshandlungen nach diesem Gesetz und den zur Durchführung dieses Gesetzes erlassenen Rechtsverordnungen sind Kosten (Gebühren und Auslagen) nach Maßgabe der Rechtsverordnung nach § 37 Abs. 9 zu erheben. Soweit das Bundesministerium für Gesundheit von der Ermächtigung keinen Gebrauch macht, werden die Landesregierungen ermächtigt, entsprechende Vorschriften zu erlassen. Das Verwaltungskostengesetz findet Anwendung.

§ 36
Zusammenarbeit der Behörden und Benannten Stellen
im Europäischen Wirtschaftsraum

Die für die Durchführung des Medizinprodukterechts zuständigen Behörden und Benannten Stellen arbeiten mit den zuständigen Behörden und Benannten Stellen der anderen Vertragsstaaten des Abkommens über den Europäischen Wirtschaftsraum zusammen und erteilen einander die notwendigen Auskünfte, um eine einheitliche Anwendung der zur Umsetzung der Richtlinien 90/385/EWG, 93/42/EWG und 98/79/EG erlassenen Vorschriften zu erreichen.

§ 37
Verordnungsermächtigungen

(1) Das Bundesministerium für Gesundheit wird ermächtigt, zur Umsetzung von Rechtsakten der Europäischen Gemeinschaften durch Rechtsverordnung die Voraussetzungen für die Erteilung der Konformitätsbescheinigungen, die Durchführung der Konformitätsbewertungsverfahren und ihre Zuordnung zu Klassen von Medizinprodukten sowie Sonderverfahren für Systeme und Behandlungseinheiten zu regeln.

(2) Das Bundesministerium für Gesundheit wird ermächtigt, durch Rechtsverordnung für Medizinprodukte, die
1. die Gesundheit des Menschen auch bei bestimmungsgemäßer Anwendung unmittelbar oder mittelbar gefährden können, wenn sie ohne ärztliche oder zahnärztliche Überwachung angewendet werden, oder
2. häufig in erheblichem Umfang nicht bestimmungsgemäß angewendet werden, wenn dadurch die Gesundheit von Menschen unmittelbar oder mittelbar gefährdet wird,

die Verschreibungspflicht vorzuschreiben. In der Rechtsverordnung nach Satz 1 können weiterhin Abgabebeschränkungen geregelt werden.

(3) Das Bundesministerium für Gesundheit wird ermächtigt, durch Rechtsverordnung Vertriebswege für Medizinprodukte vorzuschreiben, soweit es geboten ist, die erforderliche Qualität des Medizinproduktes zu erhalten oder die bei der

Abgabe oder Anwendung von Medizinprodukten notwendigen Erfordernisse für die Sicherheit des Patienten, Anwenders oder Dritten zu erfüllen.

(4) Das Bundesministerium für Gesundheit wird ermächtigt, durch Rechtsverordnung Regelungen für Betriebe oder Einrichtungen zu erlassen (Betriebsverordnungen), die Medizinprodukte in Deutschland in den Verkehr bringen oder lagern, soweit es geboten ist, um einen ordnungsgemäßen Betrieb und die erforderliche Qualität, Sicherheit und Leistung der Medizinprodukte sicherzustellen sowie die Sicherheit und Gesundheit der Patienten, der Anwender und Dritter nicht zu gefährden. In der Rechtsverordnung können insbesondere Regelungen getroffen werden über die Lagerung, den Erwerb, den Vertrieb, die Information und Beratung sowie die Einweisung in den Betrieb einschließlich Funktionsprüfung nach Installation und die Anwendung der Medizinprodukte. Die Regelungen können auch für Personen getroffen werden, die die genannten Tätigkeiten berufsmäßig ausüben.

(5) Das Bundesministerium für Gesundheit wird ermächtigt, durch Rechtsverordnung
1. Anforderungen an das Errichten, Betreiben, Anwenden und Instandhalten von Medizinprodukten festzulegen, Regelungen zu treffen über die Einweisung der Betreiber und Anwender, die sicherheitstechnischen Kontrollen, Funktionsprüfungen, Meldepflichten und Einzelheiten der Meldepflichten von Vorkommnissen und Risiken, das Bestandsverzeichnis und das Medizinproduktebuch sowie weitere Anforderungen festzulegen, soweit dies für das sichere Betreiben und die sichere Anwendung oder die ordnungsgemäße Instandhaltung einschließlich der sicheren Aufbereitung von Medizinprodukten notwendig ist,
2. a) Anforderungen an das Qualitätssicherungssystem beim Betreiben und Anwenden von In-vitro-Diagnostika festzulegen, soweit es zur Aufrechterhaltung der erforderlichen Qualität, Sicherheit und Leistung der In-vitro-Diagnostika sowie zur Sicherstellung der Zuverlässigkeit der damit erzielten Messergebnisse geboten ist,
    b) Regelungen zu treffen über
        aa) die Feststellung und die Anwendung von Normen zur Qualitätssicherung, die Verfahren zur Erstellung von Richtlinien und Empfehlungen, die Anwendungsbereiche, Inhalte und Zuständigkeiten, die Beteiligung der betroffenen Kreise sowie
        bb) die Kontrollen und
    c) festzulegen, dass die Normen, Richtlinien und Empfehlungen oder deren Fundstellen vom Bundesministerium für Gesundheit im Bundesanzeiger bekannt gemacht werden,
3. zur Gewährleistung der Messsicherheit von Medizinprodukten mit Messfunktion diejenigen Medizinprodukte mit Messfunktion zu bestimmen, die messtechnischen Kontrollen unterliegen, und zu bestimmen, dass der Betreiber, eine geeignete Stelle oder die zuständige Behörde messtechnische Kontrollen durchzuführen hat sowie Vorschriften zu erlassen über den Umfang, die Häufigkeit und das Verfahren von messtechnischen Kontrollen, die Voraussetzungen, den Umfang und das Verfahren der Anerkennung und Überwa-

chung mit der Durchführung messtechnischer Kontrollen betrauter Stellen sowie die Mitwirkungspflichten des Betreibers eines Medizinproduktes mit Messfunktion bei messtechnischen Kontrollen.

(6) Das Bundesministerium für Gesundheit wird ermächtigt, durch Rechtsverordnung ein bestimmtes Medizinprodukt oder eine Gruppe von Medizinprodukten aus Gründen des Gesundheitsschutzes und der Sicherheit oder im Interesse der öffentlichen Gesundheit gemäß Artikel 30 des EG-Vertrages zu verbieten oder deren Bereitstellung zu beschränken oder besonderen Bedingungen zu unterwerfen.

(7) Das Bundesministerium für Gesundheit wird ermächtigt, durch Rechtsverordnung zur Durchführung der Aufgaben im Zusammenhang mit dem Medizinprodukte-Beobachtungs- und – Meldesystem nach § 29 einen Sicherheitsplan für Medizinprodukte zu erstellen. In diesem werden insbesondere die Aufgaben und die Zusammenarbeit der beteiligten Behörden und Stellen sowie die Einschaltung der Hersteller und Bevollmächtigten, Einführer, Inverkehrbringer und sonstiger Händler, der Anwender und Betreiber, der Kommission der Europäischen Gemeinschaften sowie der anderen Vertragsstaaten des Abkommens über den Europäischen Wirtschaftsraum näher geregelt und die jeweils zu ergreifenden Maßnahmen bestimmt. In dem Sicherheitsplan können ferner Einzelheiten zur Risikobewertung und deren Durchführung, Mitwirkungspflichten der Verantwortlichen nach § 5 Satz 1 und 2, sonstiger Händler, der Anwender, Betreiber und Instandhalter, Einzelheiten des Meldeverfahrens und deren Bekanntmachung, Melde-, Berichts-, Aufzeichnungs- und Aufbewahrungspflichten, Prüfungen und Produktionsüberwachungen, Einzelheiten der Durchführung von Maßnahmen zur Risikoabwehr und deren Überwachung sowie Informationspflichten, -mittel und -wege geregelt werden. Ferner können in dem Sicherheitsplan Regelungen zu personenbezogenen Daten getroffen werden, soweit diese im Rahmen der Risikoabwehr erfasst, verarbeitet und genutzt werden.

(8) Das Bundesministerium für Gesundheit wird ermächtigt, zur Gewährleistung einer ordnungsgemäßen Erhebung, Verarbeitung und Nutzung von Daten nach § 33 Abs. 1 und 2 durch Rechtsverordnung Näheres zu regeln, auch hinsichtlich der Art, des Umfangs und der Anforderungen an Daten. In dieser Rechtsverordnung können auch die Gebühren für Handlungen dieses Institutes festgelegt werden.

(9) Das Bundesministerium für Gesundheit wird ermächtigt, durch Rechtsverordnung die gebührenpflichtigen Tatbestände nach § 35 zu bestimmen und dabei feste Sätze oder Rahmensätze vorzusehen; dabei ist die Bedeutung, der wirtschaftliche Wert oder sonstige Nutzen für die Gebührenschuldner angemessen zu berücksichtigen. In der Rechtsverordnung kann bestimmt werden, dass eine Gebühr auch für eine Amtshandlung erhoben werden kann, die nicht zu Ende geführt worden ist, wenn die Gründe hierfür von demjenigen zu vertreten sind, der die Amtshandlung veranlasst hat.

(10) Das Bundesministerium für Gesundheit wird ermächtigt, durch Rechtsverordnung Regelungen zur Erfüllung von Verpflichtungen aus zwischenstaatli-

chen Vereinbarungen oder zur Durchführung von Rechtsakten des Rates oder der Kommission der Europäischen Gemeinschaften, die Sachbereiche dieses Gesetzes betreffen, insbesondere sicherheitstechnische und medizinische Anforderungen, die Herstellung und sonstige Voraussetzungen des Inverkehrbringens, des Betreibens, des Anwendens, des Ausstellens, insbesondere Prüfungen, Produktionsüberwachung, Bescheinigungen, Kennzeichnung, Aufbewahrungs- und Mitteilungspflichten sowie behördliche Maßnahmen, zu treffen.

(11) Die Rechtsverordnungen nach den Absätzen 1 bis 10 ergehen mit Zustimmung des Bundesrates und im Einvernehmen mit dem Bundesministerium für Wirtschaft und Technologie. Sie ergehen im Einvernehmen mit dem Bundesministerium für Umwelt, Naturschutz und Reaktorsicherheit, soweit der Strahlenschutz betroffen ist oder es sich um Medizinprodukte handelt, bei deren Herstellung radioaktive Stoffe oder ionisierende Strahlen verwendet werden, und im Einvernehmen mit dem Bundesministerium für Arbeit und Sozialordnung, soweit der Arbeitsschutz betroffen ist und im Einvernehmen mit dem Bundesministerium des Innern, soweit der Datenschutz betroffen ist.

(12) Die Rechtsverordnungen nach den Absätzen 6 und 10 bedürfen nicht der Zustimmung des Bundesrates bei Gefahr in Verzug oder wenn ihr unverzügliches Inkrafttreten zur Durchführung von Rechtsakten der Organe der Europäischen Gemeinschaft erforderlich ist. Die Rechtsverordnungen nach den Absätzen 1 bis 3 können ohne Zustimmung des Bundesrates erlassen werden, wenn unvorhergesehene gesundheitliche Gefährdungen dies erfordern. Soweit die Rechtsverordnung nach Absatz 9 Kosten von Bundesbehörden betrifft, bedarf sie nicht der Zustimmung des Bundesrates. Die Rechtsverordnungen nach den Sätzen 1 und 2 bedürfen nicht des Einvernehmens mit den jeweils beteiligten Bundesministerien. Sie treten spätestens sechs Monate nach ihrem Inkrafttreten außer Kraft. Ihre Geltungsdauer kann nur mit Zustimmung des Bundesrates verlängert werden. Soweit der Strahlenschutz betroffen ist, bleibt Absatz 11 unberührt.

Siebenter Abschnitt
Sondervorschriften für den Bereich der Bundeswehr

§ 38
Anwendung und Vollzug des Gesetzes

(1) Dieses Gesetz findet auf Einrichtungen, die der Versorgung der Bundeswehr mit Medizinprodukten dienen, entsprechende Anwendung.

(2) Im Bereich der Bundeswehr obliegt der Vollzug dieses Gesetzes und die Überwachung den jeweils zuständigen Stellen und Sachverständigen der Bundeswehr.

§ 39
Ausnahmen

(1) Schreiben die Grundlegenden Anforderungen nach § 7 die Angabe des Verfalldatums vor, kann diese bei Medizinprodukten entfallen, die an die Bundes-

wehr abgegeben werden. Das Bundesministerium der Verteidigung stellt sicher, daß die Qualität, die Leistungen und die Sicherheit des Medizinproduktes gewährleistet sind.

(2) Das Bundesministerium der Verteidigung kann für seinen Geschäftsbereich im Einvernehmen mit dem Bundesministerium für Gesundheit und, soweit der Arbeitsschutz betroffen ist, im Einvernehmen mit dem Bundesministerium für Arbeit und Sozialordnung in Einzelfällen Ausnahmen von diesem Gesetz und auf Grund dieses Gesetzes erlassenen Rechtsverordnungen zulassen, wenn Rechtsakte der Europäischen Gemeinschaften dem nicht entgegenstehen und dies zur Durchführung der besonderen Aufgaben gerechtfertigt ist und der Schutz der Gesundheit gewahrt bleibt.

Achter Abschnitt
Straf- und Bußgeldvorschriften

§ 40
Strafvorschriften

(1) Mit Freiheitsstrafe bis zu drei Jahren oder mit Geldstrafe wird bestraft, wer
1. entgegen § 4 Abs. 1 Nr. 1 ein Medizinprodukt in den Verkehr bringt, errichtet, in Betrieb nimmt, betreibt oder anwendet,
2. entgegen § 6 Abs. 1 Satz 1 ein Medizinprodukt, das den Vorschriften der Strahlenschutzverordnung oder der Röntgenverordnung unterliegt oder bei dessen Herstellung ionisierende Strahlen verwendet wurden, in den Verkehr bringt oder in Betrieb nimmt,
3. entgegen § 6 Abs. 2 Satz 1 in Verbindung mit einer Rechtsverordnung nach § 37 Abs. 1 ein Medizinprodukt, das den Vorschriften der Strahlenschutzverordnung oder der Röntgenverordnung unterliegt oder bei dessen Herstellung ionisierende Strahlen verwendet wurden, mit der CE-Kennzeichnung versieht oder
4. entgegen § 14 Satz 2 ein Medizinprodukt betreibt oder anwendet.

(2) Der Versuch ist strafbar.

(3) In besonders schweren Fällen ist die Strafe Freiheitsstrafe von einem Jahr bis zu fünf Jahren. Ein besonders schwerer Fall liegt in der Regel vor, wenn der Täter durch eine der in Absatz 1 bezeichneten Handlungen
1. die Gesundheit einer großen Zahl von Menschen gefährdet,
2. einen anderen in Gefahr des Todes oder einer schweren Schädigung an Körper oder Gesundheit bringt oder
3. aus grobem Eigennutz für sich oder einen anderen Vermögensvorteile großen Ausmaßes erlangt.

(4) Handelt der Täter in den Fällen des Absatzes 1 fahrlässig, so ist die Strafe Freiheitsstrafe bis zu einem Jahr oder Geldstrafe.

§ 41
Strafvorschriften

Mit Freiheitsstrafe bis zu einem Jahr oder mit Geldstrafe wird bestraft, wer
1. entgegen § 4 Abs. 2 Satz 1 in Verbindung mit Satz 2 ein Medizinprodukt in den Verkehr bringt,
2. entgegen § 6 Abs. 1 Satz 1 ein Medizinprodukt, das nicht den Vorschriften der Strahlenschutzverordnung oder der Röntgenverordnung unterliegt oder bei dessen Herstellung ionisierende Strahlen nicht verwendet wurden, in den Verkehr bringt oder in Betrieb nimmt,
3. entgegen § 6 Abs. 2 Satz 1 in Verbindung mit einer Rechtsverordnung nach § 37 Abs. 1 ein Medizinprodukt, das nicht den Vorschriften der Strahlenschutzverordnung oder der Röntgenverordnung unterliegt oder bei dessen Herstellung ionisierende Strahlen nicht verwendet wurden, mit der CE-Kennzeichnung versieht,
4. entgegen § 20 Abs. 1 Nr. 1 bis 6 oder 9, jeweils auch in Verbindung mit Abs. 4 oder 5 oder § 21 Nr. 1, oder entgegen § 20 Abs. 7 Satz 1 eine klinische Prüfung durchführt,
5. entgegen § 24 Abs. 1 Satz 1 in Verbindung mit § 20 Abs. 1 Nr. 1 bis 6 oder 9, Abs. 4 oder 5 eine Leistungsbewertungsprüfung durchführt oder
6. einer Rechtsverordnung nach § 37 Abs. 2 Satz 2 zuwiderhandelt, soweit sie für einen bestimmten Tatbestand auf diese Strafvorschrift verweist.

§ 42
Bußgeldvorschriften

(1) Ordnungswidrig handelt, wer eine der in § 44 bezeichneten Handlungen fahrlässig begeht.

(2) Ordnungswidrig handelt, wer vorsätzlich oder fahrlässig
1. entgegen § 4 Abs. 1 Nr. 2 ein Medizinprodukt in den Verkehr bringt, errichtet, in Betrieb nimmt, betreibt oder anwendet,
2. entgegen § 9 Abs. 3 Satz 1 eine CE-Kennzeichnung nicht richtig oder nicht in der vorgeschriebenen Weise anbringt,
3. entgegen § 10 Abs. 1 Satz 2 oder Abs. 3 Satz 1, auch in Verbindung mit Satz 2, jeweils in Verbindung mit einer Rechtsverordnung nach § 37 Abs. 1, eine Erklärung nicht, nicht richtig, nicht vollständig oder nicht rechtzeitig abgibt,
4. entgegen § 10 Abs. 4 Satz 2 einem Medizinprodukt eine Information nicht beifügt,
5. entgegen § 11 Abs. 2 Satz 1 ein Medizinprodukt abgibt,
6. entgegen § 12 Abs. 1 Satz 1 in Verbindung mit einer Rechtsverordnung nach § 37 Abs. 1 eine Sonderanfertigung in den Verkehr bringt oder in Betrieb nimmt,
7. entgegen § 12 Abs. 2 Satz 1 oder Abs. 3 Satz 1 ein Medizinprodukt abgibt,
8. entgegen § 12 Abs. 4 Satz 1 ein Medizinprodukt ausstellt,
9. entgegen § 12 Abs. 4 Satz 3 ein In-vitro-Diagnostikum anwendet,

10. entgegen § 20 Abs. 1 Nr. 7 oder 8, jeweils auch in Verbindung mit § 21 Nr. 1, eine klinische Prüfung durchführt,
11. entgegen § 25 Abs. 1 Satz 1, Abs. 2, 3 oder 4 oder § 30 Abs. 2 Satz 1 eine Anzeige nicht, nicht richtig, nicht vollständig oder nicht rechtzeitig erstattet,
12. entgegen § 26 Abs. 4 Satz 1 eine Maßnahme nicht duldet oder eine Person nicht unterstützt,
13. entgegen § 30 Abs. 1 einen Sicherheitsbeauftragten nicht oder nicht rechtzeitig bestimmt,
14. entgegen § 31 Abs. 1 Satz 1, auch in Verbindung mit Satz 2, eine Tätigkeit ausübt,
15. entgegen § 31 Abs. 4 eine Mitteilung nicht, nicht richtig, nicht vollständig oder nicht in der vorgeschriebenen Weise aufzeichnet oder nicht oder nicht rechtzeitig übermittelt oder
16. einer Rechtsverordnung nach § 37 Abs. 1, 3, 4 Satz 1 oder 3, Abs. 5 Nr. 1, 2 Buchstabe a oder b Doppelbuchstabe bb oder Nr. 3, Abs. 7 oder 8 Satz 1 oder einer vollziehbaren Anordnung auf Grund einer solchen Rechtsverordnung zuwiderhandelt, soweit die Rechtsverordnung für einen bestimmten Tatbestand auf diese Bußgeldvorschrift verweist.

(3) Die Ordnungswidrigkeit kann mit einer Geldbuße bis zu fünfundzwanzigtausend Euro geahndet werden.

§ 43
Einziehung

Gegenstände, auf die sich eine Straftat nach § 40 oder § 41 oder eine Ordnungswidrigkeit nach § 42 bezieht, können eingezogen werden. § 74a des Strafgesetzbuches und § 23 des Gesetzes über Ordnungswidrigkeiten sind anzuwenden.

Neunter Abschnitt
Übergangsbestimmungen

§ 44
Übergangsbestimmungen

(1) Medizinprodukte nach § 3 Nr. 4 sowie deren Zubehör dürfen noch bis zum 7. Dezember 2003 nach den am 7. Dezember 1998 in Deutschland geltenden Vorschriften in Deutschland erstmalig in Verkehr gebracht werden, wobei Änderungen dieser Vorschriften zum Zwecke des Schutzes des Menschen vor einer unmittelbaren oder mittelbaren Gefährdung der Gesundheit anzuwenden sind. Das weitere Inverkehrbringen und die Inbetriebnahme der danach erstmalig in Verkehr gebrachten Medizinprodukte ist bis zum 7. Dezember 2005 zulässig.

(2) Auf Medizinprodukte im Sinne des § 3 Nr. 3 sind die Vorschriften dieses Gesetzes ab dem 13. Juni 2002 anzuwenden. Medizinprodukte nach § 3 Nr. 3 dürfen noch bis zum 13. Dezember 2005 nach den am 13. Dezember 2000 in Deutschland geltenden Vorschriften in Deutschland erstmalig in Verkehr gebracht werden. Das weitere Inverkehrbringen und die Inbetriebnahme der da-

nach erstmalig in Verkehr gebrachten Medizinprodukte ist bis zum 13. Dezember 2007 zulässig.

(3) Die Vorschriften des § 14 sowie der Rechtsverordnung nach § 37 Abs. 5 gelten unabhängig davon, nach welchen Vorschriften die Medizinprodukte erstmalig in den Verkehr gebracht wurden.

(4) Quecksilberglasthermometer mit Maximumvorrichtung, für die eine EWG-Bauartzulassung gemäß der Richtlinie 76/764/EWG des Rates vom 27. Juli 1976 über die Angleichung der Rechtsvorschriften über medizinische Quecksilberglasthermometer mit Maximumvorrichtung (ABl. EG Nr. L 262 S. 139), zuletzt geändert durch die Richtlinie 84/414/EWG der Kommission vom 18. Juli 1984 (ABl. EG Nr. L 228 S. 25), erteilt wurde, dürfen bis zum 30. Juni 2004 nach den am 31. Dezember 1994 geltenden Vorschriften erstmalig in den Verkehr gebracht und in Betrieb genommen werden.

Anhang II
Benannte Stellen in Deutschland

Benannte Stellen in Deutschland für

I. aktive implantierbare medizinische Geräte gemäß Artikel 11 der Richtlinie 90/385/EWG ABl. Nr. L 189 vom 20. Juli 1990, S. 17

II. Medizinprodukte gemäß Artikel 16 der Richtlinie 93/42/EWG ABl. Nr. L 169 vom 12. Juli 1993

Die Zuständigkeiten und Adressen der Benannten Stellen in Deutschland finden Sie jeweils in der aktuellen Fassung im Internet unter www.dimidi.de

Anhang III
Zuständigkeiten der Länder

**Zuständigkeiten der Länder*)
nach dem Medizinproduktegesetz**

Stand: 03. 06. 1997

Zuständige oberste Landesbehörden für das Medizinproduktewesen

Baden-Württemberg
Sozialministerium des Landes
Baden-Württemberg
Abt. 5, Referat 55 (nichtaktive
Medizinprodukte)
Abt. 2, Referat 24 (aktive
Medizinprodukte, MedGV)
Postfach 10 34 43
70029 Stuttgart
Tel.: (0711) 123 ...
Abt. 5, Ref. 55: -3819, -3820,
-3826, -3830
Abt. 2, Ref. 24: -3611, -3642
Fax: (0711) 123-3999

Bayern
Bayerisches Staatsministerium für
Ernährung und Verbraucherschutz
Referat II 5 (aktive Medizinprodukte)
Referat VII 6 (nichtaktive Medizin-
produkte)
80792 München
Tel.: (089) 2170-04
Fax: (089) 2170-2700
Referat II 5: -2083
Referat VII 6: -1122

Berlin
Senatsverwaltung für Gesundheit
und Soziales Berlin
Abteilung IV (aktive, nichtaktive
Medizinprodukte)
Oranienstraße 106
10969 Berlin
Tel.: (030) 9016-0
Fax: (030) 9016-3141

Brandenburg
Ministerium für Arbeit, Soziales,
Gesundheit und Frauen des Landes
Brandenburg
Referat 36 (aktive Medizinprodukte)
Referat 48 (nichtaktive Medizin-
produkte)
Postfach 60 11 63
14411 Potsdam
Tel.: (0331) 866-...
Referat 310: -5425
Referat 48: -5672
Fax: (0331) 866-...
Referat 310: -5176, -5177
Referat 48: -5698, -5699

---

* Die Zusammenstellung der Telefon- und Telefax-Nummern ist unverbindlich.

Anhang III

Bremen
Senator für Frauen, Gesundheit, Jugend, Soziales und Umweltschutz der Freien Hansestadt Bremen
(nichtaktive Medizinprodukte)
Birkenstraße 34
28195 Bremen
Tel.: (0421) 361-9566, -9567, -9568
Fax: (0421) 361-9321

Der Senator für Arbeit der Freien Hansestadt Bremen
(aktive Medizinprodukte) Faulenstraße 69
28195 Bremen
Tel.: (0421) 361-6008
Fax: (0421) 361-16638

Hamburg
Behörde für Arbeit, Gesundheit und Soziales der Freien Hansestadt Hamburg
Amt für Arbeitsschutz
Referat G2/AS 205 Med (aktive, nichtaktive Medizinprodukte)
Adolph-Schönfelder-Straße 5
22083 Hamburg
Tel.: (040) 42 8633-183
Fax: (040) 42 8632-483

Hessen
Hessisches Ministerium für Energie, Umwelt, Jugend, Familie und Gesundheit
Referat III A 1 (aktive Medizinprodukte)
Dostojewskistraße 4
65187 Wiesbaden
Tel.: (0611) 817-3659, -3660
Fax: (0611) 89 084-31

Hessisches Ministerium für Energie, Umwelt, Jugend, Familie und Gesundheit
Referat VIII 14 (nichtaktive Medizinprodukte)
Dostojewskistraße 4
65187 Wiesbaden
Tel.: (0611) 817-3851
Fax: (0611) 817-3850

Mecklenburg-Vorpommern
Sozialministerium des Landes Mecklenburg-Vorpommern
Referat IX 630 (aktive Medizinprodukte)
Referat IX 301 (nichtaktive Medizinprodukte)
19048 Schwerin
Tel.: (0385) 588-...
Referat IX 630: -9639, -9631
Referat IX 301: -9300, -9352
Fax: (0385) 588-...
Referat IX 639: -9063
Referat IX 301: -9035

Niedersachsen
Niedersächsisches Sozialministerium
Referat 407 (aktive, nichtaktive Medizinprodukte)
Postfach 141
30001 Hannover
Tel.: (0511) 120-4205, -4206, -4209
Fax: (0511) 120-4293

Nordrhein-Westfalen
Ministerium für Arbeit, Gesundheit und Soziales des Landes Nordrhein-Westfalen
Referat V B 5 (aktive, nichtaktive Medizinprodukte)
40190 Düsseldorf
Tel.: (0211) 855-3632
Fax: (0211) 855-3662

Rheinland-Pfalz

Ministerium für Arbeit, Soziales, Familie und Gesundheit des Landes Rheinland-Pfalz
Referat 627 (aktive Medizinprodukte)
Referat 63.24 (nichtaktive Medizinprodukte)
Postfach 3180
55021 Mainz
Tel.: (06131) 16-...
Referat 627 -4633
Referat 63.24 -2388
Fax: (06131) 16-...
Referat 627: -2098
Referat 63.24: -2471

Saarland

Ministerium für Frauen, Arbeit, Gesundheit und Soziales des Saarlandes
Referat B VI (aktive Medizinprodukte)
Referat D VI (nichtaktive Medizinprodukte)
Franz-Josef-Röder-Straße 23
66119 Saarbrücken
Tel.: (0681) 501-...
Referat B VI: -3397
Referat D VI: -3237
Fax: (0681) 501-...
Referat B VI: -3302
Referat D VI: -3239

Sachsen

Sächsisches Staatsministerium für Wirtschaft und Arbeit
Referat 55 (aktive Medizinprodukte)
Postfach 12 07 33
01008 Dresden
Tel.: (0351) 564-8542
Fax: (0351) 564-8509

Sächsisches Staatsministerium für Soziales, Gesundheit und Familie
Referat 56 (nichtaktive Medizinprodukte)
Albertstr. 10
01097 Dresden
Tel.: (0351) 564-7653
Fax: (0351) 564-7788

Sachsen-Anhalt

Ministerium für Arbeit, Soziales und Gesundheit des Landes Sachsen-Anhalt
Referat 46 (aktive, nichtaktive Medizinprodukte)
Postfach 3740
39012 Magdeburg
Tel.: (0391) 567-4509, -4510
Fax: (0391) 567-4522

Schleswig-Holstein

Ministerium für Arbeit, Gesundheit und Soziales des Landes Schleswig-Holstein
Referat IX 12 (aktive, nichtaktive Medizinprodukte)
Adolf-Westpfahl-Straße 4
24143 Kiel
Tel.: (0431) 988-5444
Fax: (0431) 988-5429

Thüringen

Thüringer Ministerium für Soziales und Gesundheit
Referat 27 (aktive Medizinprodukte)
Referat 65 (nichtaktive Medizinprodukte)
Werner-Seelenbinder-Straße 6
99096 Erfurt
Tel.: (0361) 37-...
Referat 27: -98272
Referat 65: -98651
Fax: (0361) 37-...
Referat 27: -98820
Referat 65: -98620

Anhang III

Bundesministerium der Verteidigung
Referat InSan 1.7
Postfach 1328
53003 Bonn
Tel.: (0228) 12-6572, -6336, -6326
Fax: (0228) 12-5006

Zentralstelle der Länder für Gesundheitsschutz bei Medizinprodukten
Sebastianstraße 189
53115 Bonn
Tel.: (0228) 97 794-11, -12, -20
Fax: (0228) 97 794-44

Zentralstelle der Länder für Sicherheitstechnik im Bayerischen Staatsministerium für Arbeit und Sozialordnung, Familie, Frauen und Gesundheit
Bayerstraße 12
80335 München
Tel.: (089) 5143-210, -220
Fax: (089) 5143-209

Stand: Juni 2002

Anhang IV
Abgrenzung zu Medizinprodukten

Medizinprodukte, abzugrenzende Arzneimittel,
abzugrenzende persönliche Schutzausrüstungen
– Beispiele –

I. Medizinprodukte

Stoffe
Zahnwerkstoffe, Knochenzemente, Pflegemittel, Gewebekleber, resorbierbare Knochennägel

Aktive Implantate
Herzschrittmacher, Medikamentenpumpen, künstliche Organe

Nichtaktive Implantate
Künstliche Gelenke, Nägel, Linsen, Venenprothesen

Ärztliche Instrumente
Spritzen, Klemmen, Katheter, Endoskope, Blutdruckmeßgeräte

Chirurgische Instrumente
Bohrgeräte, Fräsen, Biopsiebesteck

In- und Transfusionsgeräte
für Dialyse, Blutinfusionen und Bluttransfusionen, Filter, Blutbeutel

Beatmungsgeräte
Manuelle und energetische Beatmungsgeräte, Atemschläuche

Inhalations-, Narkose- und Sauerstoffgeräte

Ableitungssysteme

Sehhilfen
Brillen, Brillengestelle, Kontaktlinsen

Hörhilfen

Rehabilitationsprodukte, Hilfsmittel für Behinderte
Rollstühle, Laufhilfen, Greifhilfen

Prothesen, Orthesen, orthopädische Erzeugnisse

Dentalmedizinische und technische Instrumente und Geräte
Bohrer, Brücken, Abdruckmassen, Sonden, Verankerungssysteme

Verbandmittel
Mullbinden, Fixierbinden, Bauchtücher, Verbandmittel mit Arzneistoffen

Chirurgisches Nahtmaterial

Physiotherapie-Apparaturen und Hilfsmittel
Ergometer, Massagehilfen, Gelenktrainer, Spirometer

Strahlen oder Elektrizität abgebende Medizinprodukte
Röntgengeräte, Tomographen

Medizinische Textilien
Med. Kompressionsstrümpfe, OP-Kleidung, OP-Abdeckung, Untersuchungshandschuhe, Gesichtsmasken

Medizinprodukte zur Empfängnisregelung einschließlich Schutz vor Infektionen
Diaphragma, Spiralen, Kondome, Pessare (soweit die Zweckbestimmung überwiegend nicht auf pharmakologischem Wege erreicht wird)

Medizinprodukte zur einmaligen Anwendung
Einmalspritzen

Medizinprodukte mit Messfunktion
Ton- und Sprachdiameter, Augentonometer, Messgeräte zur nichtinvasiven Blutdruckmessung

Labordiagnostika
Tests zur Blutgruppenbestimmung sowie zum Nachweis bzw. zur Bestätigung von Infektionen mit HIV und Hepatitis, Immunassays, mikrobiologische Diagnostika, Gewebetypisierung

Aktive Medizingeräte für die Diagnostik
Herz-, Kreislauf- und Gefäßdiagnostik, Lungendiagnostik, Ultraschalldiagnostik, Endoskopie in der Ophthalmologie

Nichtaktive Medizinprodukte für die Diagnostik
Manometer-Blutdruckmeßgeräte, Mikroskope, Thermometer, OP-Tische, Untersuchungsstühle, Staumanschetten

Erste-Hilfe-Geräte und Notfallausrüstung
Wiederbelebungsgeräte, Verbandkästen, Notfallkoffer, Krankentransportgeräte

Informationstechnik im Bereich der Medizinprodukte
Software, Computer

Desinfektionsmittel, Reinigungsmittel, Pflegemittel, Sterilisationsgeräte, Zubehör
Sterilisationsgeräte für Kliniken oder Arztpraxen, Kontaktlinsenpflegemittel, Desinfektionsmittel für Medizinprodukte

Packmittel für Medizinprodukte
(als Zubehör)

Mit arzneilich wirksamen Stoffen kombinierte Medizinprodukte
Mit Heparin oder Antibiotica beschichtete Katheter, mit Antibiotica kombinierte Knochenzemente, Antikoagulanzien enthaltende Blutbeutel, mit Spermiciden beschichtete Kondome, mit Steroiden beschichtete Elektroden, mit antimikrobiellen Agentien versetzte Verbandstoffe

II. Arzneimittel

Wasser zur Injektion
Anästhesiegase
Körperdesinfektionsmittel
Lösungen zur Konservierung von Organen, die zur Transplantation bestimmt sind
Antirheumapflaster
transdemale, therapeutische Systeme

III. Persönliche Schutzausrüstungen

Schutzhandschuhe
Schutzkleidung gegen ionisierende Strahlen
Sonnenbrille, Laserschutzbrille
Augenschutz (z. B. für Metallarbeiter)
Atemschutzgeräte

IV. Hygieneartikel

Flächendesinfektionsmittel
„medizinische" Zahnbürsten
Zahnpasta
Seifen
Kämme

Anhang V
Sonstige bundesrechtliche Vorschriften

Anhang V/1
Medizinprodukte-Betreiberverordnung

Verordnung über das Errichten, Betreiben und
Anwenden von Medizinprodukten
(Medizinprodukte-Betreiberverordnung – MPBetreibV)

in der Fassung der Bekanntmachung vom 21. August 2002
(BGBl. I S. 3396)

Abschnitt 1
Anwendungsbereich und allgemeine Vorschriften

§ 1
Anwendungsbereich

(1) Diese Verordnung gilt für das Errichten, Betreiben, Anwenden und Instandhalten von Medizinprodukten nach § 3 des Medizinproduktegesetzes mit Ausnahme der Medizinprodukte zur klinischen Prüfung oder zur Leistungsbewertungsprüfung.

(2) Diese Verordnung gilt nicht für Medizinprodukte, die weder gewerblichen noch wirtschaftlichen Zwecken dienen und in deren Gefahrenbereich keine Arbeitnehmer beschäftigt sind.

§ 2
Allgemeine Anforderungen

(1) Medizinprodukte dürfen nur ihrer Zweckbestimmung entsprechend und nach den Vorschriften dieser Verordnung, den allgemein anerkannten Regeln der Technik sowie den Arbeitsschutz- und Unfallverhütungsvorschriften errichtet, betrieben, angewendet und in Stand gehalten werden.

(2) Medizinprodukte dürfen nur von Personen errichtet, betrieben, angewendet und in Stand gehalten werden, die dafür die erforderliche Ausbildung oder Kenntnis und Erfahrung besitzen.

(3) Miteinander verbundene Medizinprodukte sowie mit Zubehör einschließlich Software oder mit anderen Gegenständen verbundene Medizinprodukte dürfen nur betrieben und angewendet werden, wenn sie dazu unter Berücksichtigung der Zweckbestimmung und der Sicherheit der Patienten, Anwender, Beschäftigten oder Dritten geeignet sind.

(4) Der Betreiber darf nur Personen mit dem Errichten und Anwenden von Medizinprodukten beauftragen, die die in Absatz 2 genannten Voraussetzungen erfüllen.

(5) Der Anwender hat sich vor der Anwendung eines Medizinproduktes von der Funktionsfähigkeit und dem ordnungsgemäßen Zustand des Medizinproduktes zu überzeugen und die Gebrauchsanweisung sowie die sonstigen beigefügten sicherheitsbezogenen Informationen und Instandhaltungshinweise zu beachten. Satz 1 gilt entsprechend für die mit dem Medizinprodukt zur Anwendung miteinander verbundenen Medizinprodukte sowie Zubehör einschließlich Software und anderen Gegenständen.

(6) Medizinprodukte der Anlage 2 dürfen nur betrieben und angewendet werden, wenn sie die Fehlergrenzen nach § 11 Abs. 2 einhalten.

(7) Sofern Medizinprodukte in Bereichen errichtet, betrieben oder angewendet werden, in denen die Atmosphäre auf Grund der örtlichen oder betrieblichen Verhältnisse explosionsfähig werden kann, findet die Verordnung über elektrische Anlagen in explosionsgefährdeten Bereichen in der Fassung der Bekanntmachung vom 13. Dezember 1996 (BGBl. I S. 1931) in der jeweils geltenden Fassung entsprechende Anwendung.

(8) Die Vorschriften zu den wiederkehrenden Prüfungen von Medizinprodukten nach den Unfallverhütungsvorschriften bleiben unberührt, es sei denn, der Prüfumfang ist in den sicherheitstechnischen Kontrollen nach § 6 enthalten.

§ 3
Meldung von Vorkommnissen

Die Meldepflichten und sonstigen Verpflichtungen für Betreiber und Anwender im Zusammenhang mit dem Medizinprodukte-Beobachtungs- und – Meldesystem ergeben sich aus der Medizinprodukte-Sicherheitsplanverordnung.

§ 4
Instandhaltung

(1) Der Betreiber darf nur Personen, Betriebe oder Einrichtungen mit der Instandhaltung (Wartung, Inspektion, Instandsetzung und Aufbereitung) von Medizinprodukten beauftragen, die die Sachkenntnis, Voraussetzungen und die erforderlichen Mittel zur ordnungsgemäßen Ausführung dieser Aufgabe besitzen.

(2) Die Aufbereitung von bestimmungsgemäß keimarm oder steril zur Anwendung kommenden Medizinprodukten ist unter Berücksichtigung der Angaben des Herstellers mit geeigneten validierten Verfahren so durchzuführen, dass der Erfolg dieser Verfahren nachvollziehbar gewährleistet ist und die Sicherheit und Gesundheit von Patienten, Anwendern oder Dritten nicht gefährdet wird. Dies gilt auch für Medizinprodukte, die vor der erstmaligen Anwendung desinfiziert oder sterilisiert werden. Eine ordnungsgemäße Aufbereitung nach Satz 1 wird vermutet, wenn die gemeinsame Empfehlung der Kommission für Krankenhaushygiene und Infektionsprävention am Robert Koch-Institut und des Bundesinstitutes für Arzneimittel und Medizinprodukte zu den Anforderungen an die Hygiene bei der Aufbereitung von Medizinprodukten beachtet wird. Die

Fundstelle wird vom Bundesministerium für Gesundheit im Bundesanzeiger bekannt gemacht.

(3) Die Voraussetzungen nach Absatz 1 werden erfüllt, wenn die mit der Instandhaltung Beauftragten
1. auf Grund ihrer Ausbildung und praktischen Tätigkeit über die erforderlichen Sachkenntnisse bei der Instandhaltung von Medizinprodukten und
2. über die hierfür erforderlichen Räume einschließlich deren Beschaffenheit, Größe, Ausstattung und Einrichtung sowie über die erforderlichen Geräte und sonstigen Arbeitsmittel

verfügen und in der Lage sind, diese nach Art und Umfang ordnungsgemäß und nachvollziehbar durchzuführen.

(4) Nach Wartung oder Instandsetzung an Medizinprodukten müssen die für die Sicherheit und Funktionstüchtigkeit wesentlichen konstruktiven und funktionellen Merkmale geprüft werden, soweit sie durch die Instandhaltungsmaßnahmen beeinflusst werden können.

(5) Die durch den Betreiber mit den Prüfungen nach Absatz 4 beauftragten Personen, Betriebe oder Einrichtungen müssen die Voraussetzungen nach Absatz 3 erfüllen und bei der Durchführung und Auswertung der Prüfungen in ihrer fachlichen Beurteilung weisungsunabhängig sein.

§ 4a
Kontrolluntersuchungen und Vergleichsmessungen in medizinischen Laboratorien

Wer im Bereich der Heilkunde mit Ausnahme der Zahnheilkunde quantitative labormedizinische Untersuchungen durchführt, hat für die in der Anlage 1 der Richtlinie der Bundesärztekammer zur Qualitätssicherung quantitativer laboratoriumsmedizinischer Untersuchungen vom 24. August 2001 (Deutsches Ärzteblatt 98, S. A 2747) aufgeführten Messgrößen die Messergebnisse durch Kontrolluntersuchungen (interne Qualitätssicherung) und durch Teilnahme an einer Vergleichsuntersuchung pro Quartal (Ringversuche – externe Qualitätssicherung) gemäß dieser Richtlinie zu überwachen. Er hat die Unterlagen über die durchgeführten Kontrolluntersuchungen und die Bescheinigungen über die Teilnahme an den Ringversuchen sowie die erteilten Ringversuchszertifikate für die Dauer von fünf Jahren aufzubewahren, sofern auf Grund anderer Vorschriften keine längere Aufbewahrungsfrist vorgeschrieben ist. Die Unterlagen sind der zuständigen Behörde auf Verlangen vorzulegen.

Abschnitt 2
Spezielle Vorschriften für aktive Medizinprodukte

§ 5
Betreiben und Anwenden

(1) Der Betreiber darf ein in der Anlage 1 aufgeführtes Medizinprodukt nur betreiben, wenn zuvor der Hersteller oder eine dazu befugte Person, die im Einvernehmen mit dem Hersteller handelt,
1. dieses Medizinprodukt am Betriebsort einer Funktionsprüfung unterzogen hat und
2. die vom Betreiber beauftragte Person anhand der Gebrauchsanweisung sowie beigefügter sicherheitsbezogener Informationen und Instandhaltungshinweise in die sachgerechte Handhabung und Anwendung und den Betrieb des Medizinproduktes sowie in die zulässige Verbindung mit anderen Medizinprodukten, Gegenständen und Zubehör eingewiesen hat.

Eine Einweisung nach Nummer 2 ist nicht erforderlich, sofern diese für ein baugleiches Medizinprodukt bereits erfolgt ist.

(2) In der Anlage 1 aufgeführte Medizinprodukte dürfen nur von Personen angewendet werden, die die Voraussetzungen nach § 2 Abs. 2 erfüllen und die durch den Hersteller oder durch eine nach Absatz 1 Nr. 2 vom Betreiber beauftragte Person unter Berücksichtigung der Gebrauchsanweisung in die sachgerechte Handhabung dieses Medizinproduktes eingewiesen worden sind.

(3) Die Durchführung der Funktionsprüfung nach Absatz 1 Nr. 1 und die Einweisung der vom Betreiber beauftragten Person nach Absatz 1 Nr. 2 sind zu belegen.

§ 6
Sicherheitstechnische Kontrollen

(1) Der Betreiber hat bei Medizinprodukten, für die der Hersteller sicherheitstechnische Kontrollen vorgeschrieben hat, diese nach den Angaben des Herstellers und den allgemein anerkannten Regeln der Technik sowie in den vom Hersteller angegebenen Fristen durchzuführen oder durchführen zu lassen. Soweit der Hersteller für die in der Anlage 1 aufgeführten Medizinprodukte keine sicherheitstechnischen Kontrollen vorgeschrieben und diese auch nicht ausdrücklich ausgeschlossen hat, hat der Betreiber sicherheitstechnische Kontrollen nach den allgemein anerkannten Regeln der Technik und zwar in solchen Fristen durchzuführen oder durchführen zu lassen, mit denen entsprechende Mängel, mit denen auf Grund der Erfahrungen gerechnet werden muss, rechtzeitig festgestellt werden können. Die Kontrollen nach Satz 2 sind jedoch spätestens alle zwei Jahre durchzuführen. Die sicherheitstechnischen Kontrollen schließen die Messfunktionen ein. Für andere Medizinprodukte, Zubehör, Software und andere Gegenstände, die der Betreiber bei Medizinprodukten nach den Sätzen 1 und 2 verbunden verwendet, gelten die Sätze 1 bis 4 entsprechend.

(2) Die zuständige Behörde kann im Einzelfall die Fristen nach Absatz 1 Satz 1

Anhang V/1

und 3 auf Antrag des Betreibers in begründeten Fällen verlängern, soweit die Sicherheit auf andere Weise gewährleistet ist.

(3) Über die sicherheitstechnische Kontrolle ist ein Protokoll anzufertigen, das das Datum der Durchführung und die Ergebnisse der sicherheitstechnischen Kontrolle unter Angabe der ermittelten Messwerte, der Messverfahren und sonstiger Beurteilungsergebnisse enthält. Das Protokoll hat der Betreiber zumindest bis zur nächsten sicherheitstechnischen Kontrolle aufzubewahren.

(4) Eine sicherheitstechnische Kontrolle darf nur durchführen, wer
1. auf Grund seiner Ausbildung, Kenntnisse und durch praktische Tätigkeit gewonnenen Erfahrungen die Gewähr für eine ordnungsgemäße Durchführung der sicherheitstechnischen Kontrollen bietet,
2. hinsichtlich der Kontrolltätigkeit keiner Weisung unterliegt und
3. über geeignete Mess- und Prüfeinrichtungen verfügt.

Die Voraussetzungen nach Satz 1 sind durch die Person, die sicherheitstechnische Kontrollen durchführt, auf Verlangen der zuständigen Behörde nachzuweisen.

(5) Der Betreiber darf nur Personen mit der Durchführung sicherheitstechnischer Kontrollen beauftragen, die die in Absatz 4 Satz 1 genannten Voraussetzungen erfüllen.

§ 7
Medizinproduktebuch

(1) Für die in den Anlagen 1 und 2 aufgeführten Medizinprodukte hat der Betreiber ein Medizinproduktebuch mit den Angaben nach Absatz 2 Satz 1 zu führen. Für das Medizinproduktebuch sind alle Datenträger zulässig, sofern die in Absatz 2 Satz 1 genannten Angaben während der Dauer der Aufbewahrungsfrist verfügbar sind. Ein Medizinproduktebuch nach Satz 1 ist nicht für elektronische Fieberthermometer als Kompaktthermometer und Blutdruckmessgeräte mit Quecksilber- oder Aneroidmanometer zur nichtinvasiven Messung zu führen.

(2) In das Medizinproduktebuch sind folgende Angaben zu dem jeweiligen Medizinprodukt einzutragen:
1. Bezeichnung und sonstige Angaben zur Identifikation des Medizinproduktes,
2. Beleg über Funktionsprüfung und Einweisung nach § 5 Abs. 1,
3. Name des nach § 5 Abs. 1 Nr. 2 Beauftragten, Zeitpunkt der Einweisung sowie Namen der eingewiesenen Personen,
4. Fristen und Datum der Durchführung sowie das Ergebnis von vorgeschriebenen sicherheits- und messtechnischen Kontrollen und Datum von Instandhaltungen sowie der Name der verantwortlichen Person oder der Firma, die diese Maßnahme durchgeführt hat,
5. soweit mit Personen oder Institutionen Verträge zur Durchführung von sicherheits- oder messtechnischen Kontrollen oder Instandhaltungsmaßnahmen bestehen, deren Namen oder Firma sowie Anschrift,
6. Datum, Art und Folgen von Funktionsstörungen und wiederholten gleichartigen Bedienungsfehlern,

7. Meldungen von Vorkommnissen an Behörden und Hersteller.

Bei den Angaben nach Nummer 1 sollte die Bezeichnung nach der vom Deutschen Institut für medizinische Dokumentation und Information (DIMDI) veröffentlichten Nomenklatur für Medizinprodukte eingesetzt werden. Das Bundesministerium für Gesundheit macht die Bezugsquelle der jeweils geltenden Nomenklatur für Medizinprodukte im Bundesanzeiger bekannt.

(3) Der zuständigen Behörde ist auf Verlangen am Betriebsort jederzeit Einsicht in die Medizinproduktebücher zu gewähren.

§ 8
Bestandsverzeichnis

(1) Der Betreiber hat für alle aktiven nichtimplantierbaren Medizinprodukte der jeweiligen Betriebsstätte ein Bestandsverzeichnis zu führen. Die Aufnahme in ein Verzeichnis, das auf Grund anderer Vorschriften geführt wird, ist zulässig.

(2) In das Bestandsverzeichnis sind für jedes Medizinprodukt nach Absatz 1 folgende Angaben einzutragen:
1. Bezeichnung, Art und Typ, Loscode oder die Seriennummer, Anschaffungsjahr des Medizinproduktes,
2. Name oder Firma und die Anschrift des für das jeweilige Medizinprodukt Verantwortlichen nach § 5 des Medizinproduktegesetzes,
3. die der CE-Kennzeichnung hinzugefügte Kennnummer der Benannten Stelle, soweit diese nach den Vorschriften des Medizinproduktegesetzes angegeben ist,
4. soweit vorhanden, betriebliche Identifikationsnummer,
5. Standort und betriebliche Zuordnung,
6. die vom Hersteller angegebene Frist für die sicherheitstechnische Kontrolle nach § 6 Abs. 1 Satz 1 oder die vom Betreiber nach § 6 Abs. 1 Satz 2 festgelegte Frist für die sicherheitstechnische Kontrolle.

Bei den Angaben nach Nummer 1 sollte zusätzlich die Bezeichnung nach der vom Deutschen Institut für medizinische Dokumentation und Information (DIMDI) veröffentlichten Nomenklatur für Medizinprodukte eingesetzt werden. § 7 Abs. 2 Satz 3 gilt entsprechend.

(3) Die zuständige Behörde kann Betreiber von der Pflicht zur Führung eines Bestandsverzeichnisses oder von der Aufnahme bestimmter Medizinprodukte in das Bestandsverzeichnis befreien. Die Notwendigkeit zur Befreiung ist vom Betreiber eingehend zu begründen.

(4) Für das Bestandsverzeichnis sind alle Datenträger zulässig, sofern die Angaben nach Absatz 2 Satz 1 innerhalb einer angemessenen Frist lesbar gemacht werden können.

(5) Der zuständigen Behörde ist auf Verlangen beim Betreiber jederzeit Einsicht in das Bestandsverzeichnis zu gewähren.

§ 9
Aufbewahrung der Gebrauchsanweisungen und der Medizinproduktebücher

(1) Die Gebrauchsanweisungen und die dem Medizinprodukt beigefügten Hinweise sind so aufzubewahren, dass die für die Anwendung des Medizinproduktes erforderlichen Angaben dem Anwender jederzeit zugänglich sind.

(2) Das Medizinproduktebuch ist so aufzubewahren, dass die Angaben dem Anwender während der Arbeitszeit zugänglich sind. Nach der Außerbetriebnahme des Medizinproduktes ist das Medizinproduktebuch noch fünf Jahre aufzubewahren.

§ 10
Patienteninformation bei aktiven implantierbaren Medizinprodukten

(1) Die für die Implantation verantwortliche Person hat dem Patienten, dem ein aktives Medizinprodukt implantiert wurde, nach Abschluss der Implantation eine schriftliche Information auszuhändigen, in der die für die Sicherheit des Patienten nach der Implantation notwendigen Verhaltensanweisungen in allgemein verständlicher Weise enthalten sind. Außerdem müssen diese Informationen Angaben enthalten, welche Maßnahmen bei einem Vorkommnis mit dem Medizinprodukt zu treffen sind und in welchen Fällen der Patient einen Arzt aufsuchen sollte.

(2) Die für die Implantation eines aktiven Medizinproduktes verantwortliche Person hat folgende Daten zu dokumentieren und der Patienteninformation nach Absatz 1 beizufügen:
1. Name des Patienten,
2. Bezeichnung, Art und Typ, Loscode oder die Seriennummer des Medizinproduktes,
3. Name oder Firma des Herstellers des Medizinproduktes,
4. Datum der Implantation,
5. Name der verantwortlichen Person, die die Implantation durchgeführt hat,
6. Zeitpunkt der nachfolgenden Kontrolluntersuchungen.

Die wesentlichen Ergebnisse der Kontrolluntersuchungen sind in der Patienteninformation zu vermerken.

Abschnitt 3
Medizinprodukte mit Messfunktion

§ 11
Messtechnische Kontrollen

(1) Der Betreiber hat messtechnische Kontrollen
1. für die in der Anlage 2 aufgeführten Medizinprodukte,
2. für die Medizinprodukte, die nicht in der Anlage 2 aufgeführt sind und für die jedoch der Hersteller solche Kontrollen vorgesehen hat,

nach Maßgabe der Absätze 3 und 4 auf der Grundlage der anerkannten Regeln der Technik durchzuführen oder durchführen zu lassen. Messtechnische Kontrollen können auch in Form von Vergleichsmessungen durchgeführt werden, soweit diese in der Anlage 2 für bestimmte Medizinprodukte vorgesehen sind.

(2) Durch die messtechnischen Kontrollen wird festgestellt, ob das Medizinprodukt die zulässigen maximalen Messabweichungen (Fehlergrenzen) nach Satz 2 einhält. Bei den messtechnischen Kontrollen werden die Fehlergrenzen zugrunde gelegt, die der Hersteller in seiner Gebrauchsanweisung angegeben hat. Enthält eine Gebrauchsanweisung keine Angaben über Fehlergrenzen, sind in harmonisierten Normen festgelegte Fehlergrenzen einzuhalten. Liegen dazu keine harmonisierten Normen vor, ist vom Stand der Technik auszugehen.

(3) Für die messtechnischen Kontrollen dürfen, sofern keine Vergleichsmessungen nach Absatz 1 Satz 2 durchgeführt werden, nur messtechnische Normale benutzt werden, die rückverfolgbar an ein nationales oder internationales Normal angeschlossen sind und hinreichend kleine Fehlergrenzen und Messunsicherheiten einhalten. Die Fehlergrenzen gelten als hinreichend klein, wenn sie ein Drittel der Fehlergrenzen des zu prüfenden Medizinproduktes nicht überschreiten.

(4) Die messtechnischen Kontrollen der Medizinprodukte nach Absatz 1 Satz 1 Nr. 1 sind, soweit vom Hersteller nicht anders angegeben, innerhalb der in Anlage 2 festgelegten Fristen und der Medizinprodukte nach Absatz 1 Satz 1 Nr. 2 nach den vom Hersteller vorgegebenen Fristen durchzuführen. Soweit der Hersteller keine Fristen bei den Medizinprodukten nach Absatz 1 Satz 1 Nr. 2 angegeben hat, hat der Betreiber messtechnische Kontrollen in solchen Fristen durchzuführen oder durchführen zu lassen, mit denen entsprechende Mängel, mit denen auf Grund der Erfahrungen gerechnet werden muss, rechtzeitig festgestellt werden können, mindestens jedoch alle zwei Jahre. Für die Wiederholungen der messtechnischen Kontrollen gelten dieselben Fristen. Die Fristen beginnen mit Ablauf des Jahres, in dem die Inbetriebnahme des Medizinproduktes erfolgte oder die letzte messtechnische Kontrolle durchgeführt wurde. Eine messtechnische Kontrolle ist unverzüglich durchzuführen, wenn
1. Anzeichen dafür vorliegen, dass das Medizinprodukt die Fehlergrenzen nach Absatz 2 nicht einhält oder
2. die messtechnischen Eigenschaften des Medizinproduktes durch einen Eingriff oder auf andere Weise beeinflusst worden sein könnten.

(5) Messtechnische Kontrollen dürfen nur durchführen
1. für das Messwesen zuständige Behörden oder
2. Personen, die die Voraussetzungen des § 6 Abs. 4 entsprechend für messtechnische Kontrollen erfüllen.

Personen, die messtechnische Kontrollen durchführen, haben vor Aufnahme ihrer Tätigkeit dies der zuständigen Behörde anzuzeigen und auf deren Verlangen das Vorliegen der Voraussetzungen nach Satz 1 Nr. 2 nachzuweisen.

(6) Der Betreiber darf mit der Durchführung der messtechnischen Kontrollen nur Behörden oder Personen beauftragen, die die Voraussetzungen nach Absatz 5 Satz 1 erfüllen.

(7) Derjenige, der messtechnische Kontrollen durchführt, hat die Ergebnisse der

messtechnischen Kontrolle unter Angabe der ermittelten Messwerte, der Messverfahren und sonstiger Beurteilungsergebnisse in das Medizinproduktebuch unverzüglich einzutragen, soweit dieses nach § 7 Abs. 1 zu führen ist.

(8) Derjenige, der messtechnische Kontrollen durchführt, hat das Medizinprodukt nach erfolgreicher messtechnischer Kontrolle mit einem Zeichen zu kennzeichnen. Aus diesem muss das Jahr der nächsten messtechnischen Kontrolle und die Behörde oder Person, die die messtechnische Kontrolle durchgeführt hat, eindeutig und rückverfolgbar hervorgehen.

Abschnitt 4
Vorschriften für die Bundeswehr

§ 12
Medizinprodukte der Bundeswehr

(1) Für Medizinprodukte im Bereich der Bundeswehr stehen die Befugnisse nach § 6 Abs. 2 und § 8 Abs. 3 sowie die Aufsicht über die Ausführung dieser Verordnung dem Bundesministerium der Verteidigung oder den von ihm bestimmten zuständigen Stellen und Sachverständigen zu.

(2) Das Bundesministerium der Verteidigung kann für Medizinprodukte im Bereich der Bundeswehr Ausnahmen von den Vorschriften dieser Verordnung zulassen, wenn
1. dies zur Durchführung der besonderen Aufgaben gerechtfertigt ist oder
2. die Besonderheiten eingelagerter Medizinprodukte dies erfordern oder
3. die Erfüllung zwischenstaatlicher Verpflichtungen der Bundesrepublik Deutschland dies erfordern und die Sicherheit einschließlich der Messsicherheit auf andere Weise gewährleistet ist.

Abschnitt 5
Ordnungswidrigkeiten

§ 13
Ordnungswidrigkeiten

Ordnungswidrig im Sinne des § 42 Abs. 2 Nr. 16 des Medizinproduktegesetzes handelt, wer vorsätzlich oder fahrlässig
1. entgegen § 2 Abs. 6 ein Medizinprodukt betreibt oder anwendet,
2. entgegen § 4 Abs. 1 eine Person, einen Betrieb oder eine Einrichtung beauftragt,
3. entgegen § 4 Abs. 2 Satz 1 die Aufbereitung eines dort genannten Medizinproduktes nicht richtig durchführt,
   3a. entgegen § 4a Satz 1 Messergebnisse nicht oder nicht in der vorgeschriebenen Weise überwacht,
   3b. entgegen § 4a Satz 2 eine Unterlage oder eine Bescheinigung nicht oder

nicht mindestens fünf Jahre aufbewahrt oder nicht oder nicht rechtzeitig vorlegt,
4. entgegen § 5 Abs. 1 Satz 1 oder Abs. 2 oder § 15 Nr. 5 Satz 1 ein Medizinprodukt betreibt oder anwendet,
5. entgegen § 6 Abs. 1 Satz 1, 2, 3 oder 4, jeweils auch in Verbindung mit Satz 5, oder § 11 Abs. 1 Satz 1 oder § 15 Nr. 6 eine Kontrolle nicht, nicht richtig oder nicht rechtzeitig durchführt und nicht oder nicht rechtzeitig durchführen lässt,
6. entgegen § 6 Abs. 3 Satz 2 ein Protokoll nicht bis zur nächsten sicherheitstechnischen Kontrolle aufbewahrt,
7. entgegen § 6 Abs. 4 Satz 1 oder § 11 Abs. 5 Satz 1 Nr. 2 eine Kontrolle durchführt,
8. entgegen § 6 Abs. 5 oder § 11 Abs. 6 eine Person mit einer Kontrolle beauftragt,
9. entgegen § 7 Abs. 1 Satz 1 oder § 8 Abs. 1 Satz 1, jeweils in Verbindung mit § 15 Nr. 8, ein Medizinproduktebuch oder ein Bestandsverzeichnis gemäß § 8 Abs. 2 Satz 1 nicht, nicht richtig oder nicht vollständig führt,
10. entgegen § 10 Abs. 1 eine Information nicht, nicht richtig, nicht vollständig oder nicht rechtzeitig aushändigt,
11. entgegen § 11 Abs. 5 Satz 2 die Aufnahme der Tätigkeit nicht der zuständigen Behörde anzeigt,
12. entgegen § 11 Abs. 7 eine Eintragung nicht, nicht richtig, nicht vollständig oder nicht rechtzeitig macht,
13. entgegen § 11 Abs. 8 Medizinprodukte nicht, nicht richtig oder nicht vollständig kennzeichnet oder
14. entgegen § 15 Nr. 1 oder 2 Satz 1, auch in Verbindung mit Satz 2, ein Medizinprodukt betreibt oder weiterbetreibt.

Abschnitt 6
Übergangs- und Schlussbestimmungen

§ 14
Übergangsbestimmungen

(1) Soweit ein Medizinprodukt, das nach den §§ 8, 10, 11 Abs. 1 oder § 12 Abs. 1 des Medizinproduktegesetzes in den Verkehr gebracht oder in Betrieb genommen wurde, vor dem 7. Juli 1998 betrieben oder angewendet wurde, müssen
1. die Funktionsprüfung und Einweisung nach § 5 Abs. 1,
2. die sicherheitstechnischen Kontrollen nach § 6 Abs. 1,
3. das Medizinproduktebuch nach § 7 Abs. 1 und das Bestandsverzeichnis nach § 8 Abs. 1 und
4. die messtechnischen Kontrollen nach § 11 Abs. 1
bis spätestens 1. Januar 1999 dieser Verordnung durchgeführt oder eingerichtet

worden sein. Satz 1 gilt für die Nummern 2 und 4, soweit die in dieser Verordnung vorgeschriebenen Fristen bis zum 7. Juli 1998 abgelaufen sind.

(2) Soweit ein Betreiber vor dem 7. Juli 1998 ein Gerätebuch nach § 13 der Medizingeräteverordnung vom 14. Januar 1985 (BGBl. I S. 93), die zuletzt durch Artikel 12 Abs. 56 des Gesetzes vom 14. September 1994 (BGBl. I S. 2325) geändert worden ist, begonnen hat, darf dieses als Medizinproduktebuch im Sinne des § 7 weitergeführt werden.

(3) Für die in Anlage 2 aufgeführten medizinischen Messgeräte, die nach den Vorschriften der §§ 1, 2 und 77 Abs. 3 der Eichordnung vom 12. August 1988 (BGBl. I S. 1657), die zuletzt durch die Verordnung vom 21. Juni 1994 (BGBl. I S. 1293) geändert worden ist, am 31. Dezember 1994 geeicht oder gewartet sein mussten oder für die die Übereinstimmung mit der Zulassung nach diesen Vorschriften bescheinigt sein mussten, gilt ab 14. Juni 1998 § 11 mit der Maßgabe, dass die messtechnischen Kontrollen nach den Anforderungen der Anlage 15 oder der Anlage 23 Abschnitt 4 der Eichordnung in der genannten Fassung durchgeführt werden.

§ 15
Sondervorschriften

Für Medizinprodukte, die nach den Vorschriften der Medizingeräteverordnung in Verkehr gebracht werden dürfen, gelten die Vorschriften dieser Verordnung mit folgenden Maßgaben:

1. Medizinprodukte nach § 2 Nr. 1 der Medizingeräteverordnung dürfen außer in den Fällen des § 5 Abs. 10 der Medizingeräteverordnung nur betrieben werden, wenn sie der Bauart nach zugelassen sind.

2. Ist die Bauartzulassung zurückgenommen oder widerrufen worden, dürfen vor der Bekanntmachung der Rücknahme oder des Widerrufs im Bundesanzeiger in Betrieb genommene Medizinprodukte nur weiterbetrieben werden, wenn sie der zurückgenommenen oder widerrufenen Zulassung entsprechen und in der Bekanntmachung nach § 5 Abs. 9 der Medizingeräteverordnung nicht festgestellt wird, dass Gefahren für Patienten, Beschäftigte oder Dritte zu befürchten sind. Dies gilt auch, wenn eine Bauartzulassung nach § 5 Abs. 8 Nr. 2 der Medizingeräteverordnung erloschen ist.

3. Medizinprodukte, für die dem Betreiber vor Inkrafttreten des Medizinproduktegesetzes eine Ausnahme nach § 8 Abs. 1 der Medizingeräteverordnung erteilt wurde, dürfen nach den in der Ausnahmezulassung festgelegten Maßnahmen weiterbetrieben werden.

4. Der Betreiber eines Medizinproduktes, der gemäß § 8 Abs. 2 der Medizingeräteverordnung von den allgemein anerkannten Regeln der Technik, soweit sie sich auf den Betrieb des Medizinproduktes beziehen, abweichen durfte, darf dieses Produkt in der bisherigen Form weiterbetreiben, wenn er eine ebenso wirksame Maßnahme trifft. Auf Verlangen der zuständigen Behörde hat der Betreiber nachzuweisen, dass die andere Maßnahme ebenso wirksam ist.

5. Medizinprodukte nach § 2 Nr. 1 und 3 der Medizingeräteverordnung dürfen

nur von Personen angewendet werden, die am Medizinprodukt unter Berücksichtigung der Gebrauchsanweisung in die sachgerechte Handhabung eingewiesen worden sind. Werden solche Medizinprodukte mit Zusatzgeräten zu Gerätekombinationen erweitert, ist die Einweisung auf die Kombination und deren Besonderheiten zu erstrecken. Nur solche Personen dürfen einweisen, die auf Grund ihrer Kenntnisse und praktischen Erfahrungen für die Einweisung und die Handhabung dieser Medizinprodukte geeignet sind.

6. Der Betreiber eines Medizinproduktes nach § 2 Nr. 1 der Medizingeräteverordnung hat die in der Bauartzulassung festgelegten sicherheitstechnischen Kontrollen im dort vorgeschriebenen Umfang fristgerecht durchzuführen oder durchführen zu lassen. Bei Dialysegeräten, die mit ortsfesten Versorgungs- und Aufbereitungseinrichtungen verbunden sind, ist die sicherheitstechnische Kontrolle auch auf diese Einrichtungen zu erstrecken.

7. Für Medizinprodukte nach § 2 Nr. 1 der Medizingeräteverordnung, für die nach § 28 Abs. 1 der Medizingeräteverordnung Bauartzulassungen nicht erforderlich waren oder die nach § 28 Abs. 2 der Medizingeräteverordnung betrieben werden dürfen, gelten für Umfang und Fristen der sicherheitstechnischen Kontrollen die Angaben in den Prüfbescheinigungen nach § 28 Abs. 1 oder 2 der Medizingeräteverordnung.

8. Bestandsverzeichnisse und Gerätebücher nach den §§ 12 und 13 der Medizingeräteverordnung dürfen weitergeführt werden und gelten als Bestandsverzeichnis und Medizinproduktebuch entsprechend den §§ 8 und 7 dieser Verordnung.

9. Unbeschadet, ob Medizinprodukte die Anforderungen nach § 6 Abs. 1 Satz 1 der Medizingeräteverordnung im Einzelfall erfüllen, dürfen Medizinprodukte weiterbetrieben werden, wenn sie
   a) vor dem Wirksamwerden des Beitritts zulässigerweise in dem in Artikel 3 des Einigungsvertrages genannten Gebiet betrieben wurden,
   b) bis zum 31. Dezember 1991 errichtet und in Betrieb genommen wurden und den Vorschriften entsprechen, die am Tage vor dem Wirksamwerden des Beitritts in dem in Artikel 3 des Einigungsvertrages genannten Gebiet gegolten haben.

§§ 16 und 17
(Änderung anderer Vorschriften)

§ 18
(Inkrafttreten)

Anlage 1
(zu § 5 Abs. 1 und 2, § 6 Abs. 1 und § 7 Abs. 1)

1 Nichtimplantierbare aktive Medizinprodukte zur

1.1 Erzeugung und Anwendung elektrischer Energie zur unmittelbaren Beeinflussung der Funktion von Nerven und/oder Muskeln bzw. der Herztätigkeit einschließlich Defibrillatoren,

1.2 intrakardialen Messung elektrischer Größen oder Messung anderer Größen unter Verwendung elektrisch betriebener Messsonden in Blutgefäßen bzw. an freigelegten Blutgefäßen,

1.3 Erzeugung und Anwendung jeglicher Energie zur unmittelbaren Koagulation, Gewebezerstörung oder Zertrümmerung von Ablagerungen in Organen,

1.4 unmittelbare Einbringung von Substanzen und Flüssigkeiten in den Blutkreislauf unter potentiellem Druckaufbau, wobei die Substanzen und Flüssigkeiten auch aufbereitete oder speziell behandelte körpereigene sein können, deren Einbringen mit einer Entnahmefunktion direkt gekoppelt ist,

1.5 maschinelle Beatmung mit oder ohne Anästhesie,

1.6 Diagnose mit bildgebenden Verfahren nach dem Prinzip der Kernspinresonanz,

1.7 Therapie mit Druckkammern,

1.8 Therapie mittels Hypothermie

und

2 Säuglingsinkubatoren sowie

3 externe aktive Komponenten aktiver Implantate.

Anlage 2
(zu § 11 Abs. 1)

1 Medizinprodukte, die messtechnischen Kontrollen nach § 11 Abs. 1 Satz 1 Nr. 1 unterliegen

Nachprüffristen in Jahren

1.1	Medizinprodukte zur Bestimmung der Hörfähigkeit (Ton- und Sprachaudiometer)	1
1.2	Medizinprodukte zur Bestimmung von Körpertemperaturen (mit Ausnahme von Quecksilberglasthermometern mit Maximumvorrichtung)	
1.2.1	– medizinische Elektrothermometer	2
1.2.2	– mit austauschbaren Temperaturfühlern	2
1.2.3	– Infrarot-Strahlungsthermometer	1
1.3	Messgeräte zur nichtinvasiven Blutdruckmessung	2
1.4	Medizinprodukte zur Bestimmung des Augeninnendruckes (Augentonometer)	
1.4.1	allgemein	2
1.4.2	zur Grenzwertprüfung	5
1.5	Therapiedosimeter bei der Behandlung von Patienten von außen	
1.5.1	mit Photonenstrahlung im Energiebereich bis 1,33 MeV	
	– allgemein	2
	– mit geeigneter Kontrollvorrichtung, wenn der Betreiber in jedem Messbereich des Dosimeters mindestens halbjährliche Kontrollmessungen ausführt, ihre Ergebnisse aufzeichnet und die bestehenden Anforderungen erfüllt werden	6
1.5.2	mit Photonenstrahlung im Energiebereich ab 1,33 MeV und mit Elektronenstrahlung aus Beschleunigern mit messtechnischer Kontrolle in Form von Vergleichsmessungen	2
1.5.3	mit Photonenstahlung aus Co-60-Bestrahlungsanlagen wahlweise nach 1.5.1 oder 1.5.2	
1.6	Diagnostikdosimeter zur Durchführung von Mess- und Prüfaufgaben, sofern sie nicht § 2 Abs. 1 Nr. 3 oder 4 der Eichordnung unterliegen	5
1.7	Tretkurbelergometer zur definierten physikalischen und reproduzierbaren Belastung von Patienten	2

2 Ausnahmen von messtechnischen Kontrollen

Abweichend von 1.5.1 unterliegen keiner messtechnischen Kontrolle Therapiedosimeter, die nach jeder Einwirkung, die die Richtigkeit der Messung beeinflussen kann, sowie mindestens alle zwei Jahre in den verwendeten Messbereichen kalibriert und die Ergebnisse aufgezeichnet werden. Die Kalibrierung muss von fachkundigen Personen, die vom Betreiber bestimmt sind, mit einem Therapiedosimeter durchgeführt werden, dessen Richtigkeit entsprechend § 11 Abs. 2 sichergestellt worden ist und das bei der die Therapie durchführenden Stelle ständig verfügbar ist.

3 Messtechnische Kontrollen in Form von Vergleichsmessungen

Vergleichsmessungen nach 1.5.2 werden von einer durch die zuständige Behörde beauftragten Messstelle durchgeführt.

Anhang V/2
Medizinprodukte-Verordnung

**Verordnung
über Medizinprodukte
(Medizinprodukte-Verordnung – MPV)**

vom 20. Dezember 2001

Auf Grund des § 37 Abs. 1, 8 und 11 des Medizinproduktegesetzes vom 2. August 1994 (BGBl. I S. 1963), der durch Artikel 1 des Gesetzes vom 13. Dezember 2001 (BGBl. I S. 3586) geändert worden ist, verordnet das Bundesministerium für Gesundheit im Einvernehmen mit dem Bundesministerium für Wirtschaft und Technologie, dem Bundesministerium für Arbeit und Sozialordnung, dem Bundesministerium für Umwelt, Naturschutz und Reaktorsicherheit und dem Bundesministerium des Innern:

§ 1
Anwendungsbereich

Diese Verordnung regelt die Bewertung und Feststellung der Übereinstimmung von Medizinprodukten mit den Grundlegenden Anforderungen gemäß § 7 des Medizinproduktegesetzes (Konformitätsbewertung), die Sonderverfahren für Systeme und Behandlungseinheiten sowie die Durchführung von Anzeigen.

§ 2
Biologische Sicherheitsprüfung

Zur Bewertung der biologischen Verträglichkeit von Medizinprodukten sind biologische Sicherheitsprüfungen mit Tierversuchen durchzuführen, soweit sie

1. bei Medizinprodukten im Sinne des § 3 Nr. 2 des Medizinproduktegesetzes nach der Richtlinie 75/318/EWG des Rates vom 20. Mai 1975 zur Angleichung der Rechts- und Verwaltungsvorschriften der Mitgliedstaaten über die analytischen, toxikologischpharmakologischen und ärztlichen oder klinischen Vorschriften und Nachweise über Versuche mit Arzneimittelspezialitäten (ABl. EG Nr. L 147 S. 1), zuletzt geändert durch Richtlinie 99/83/EG der Kommission vom 8. September 1999 (ABl. EG Nr. L 243 S. 9), in der jeweils geltenden Fassung oder nach den Arzneimittelprüfrichtlinien nach § 26 des Arzneimittelgesetzes,

2. nach harmonisierten Normen im Sinne des § 3 Nr. 18 des Medizinproduktegesetzes oder

3. nach dem jeweiligen Stand der wissenschaftlichen Erkenntnisse erforderlich sind.

§ 3
Allgemeine Vorschriften zur Durchführung der Konformitätsbewertung

(1) Die Konformitätsbewertung erfolgt nach Maßgabe des Absatzes 2 und der §§ 4 bis 6 durch den Hersteller. Die Verfahren nach den Anhängen 3, 4 und 6 der Richtlinie 90/385/EWG des Rates vom 20. Juni 1990 zur Angleichung der Rechtsvorschriften der Mitgliedstaaten über aktive implantierbare medizinische Geräte (ABl. EG Nr. L 189 S. 17), zuletzt geändert durch Richtlinie 93/68/EWG des Rates vom 22. Juli 1993 (ABl. EG Nr. L 220 S. 1), den Anhängen III, V, VI und VIII der Richtlinie 98/79/EG des Europäischen Parlaments und des Rates vom 27. Oktober 1998 über Invitro-Diagnostika (ABl. EG Nr. L 331 S. 1) und den Anhängen III, IV, VII und VIII der Richtlinie 93/42/EWG des Rates vom 14. Juni 1993 über Medizinprodukte (ABl. EG Nr. L 169 S. 1), zuletzt geändert durch Richtlinie 2000/70/EG des Europäischen Parlaments und des Rates vom 16. November 2000 (ABl. EG Nr. L 313 S. 22), in den jeweils geltenden Fassungen, können im Auftrag des Herstellers auch von seinem Bevollmächtigten im Sinne des § 3 Nr. 16 des Medizinproduktegesetzes durchgeführt werden.

(2) Soweit die Verfahren unter Beteiligung einer Benannten Stelle im Sinne des § 3 Nr. 20 des Medizinproduktegesetzes durchgeführt werden, beauftragen der Hersteller oder sein Bevollmächtigter eine Benannte Stelle ihrer Wahl, die für das entsprechende Verfahren und die jeweiligen Medizinprodukte benannt ist. Die Benannte Stelle und der Hersteller oder sein Bevollmächtigter legen einvernehmlich die Fristen für die Durchführung der Prüfungen und Bewertungen fest.

(3) Die Benannte Stelle kann im Konformitätsbewertungsverfahren alle Informationen und Angaben fordern, die zur Durchführung der Überprüfungen und Bewertungen und zur Erteilung von Bescheinigungen erforderlich sind.

(4) Im Verfahren der Konformitätsbewertung sind Ergebnisse von Prüfungen und Bewertungen, die für die jeweiligen Produkte bereits durchgeführt wurden, angemessen zu berücksichtigen.

(5) Die Geltungsdauer von Bescheinigungen, die nach den Anhängen 2 und 3 der Richtlinie 90/385/EWG, den Anhängen III, IV und V der Richtlinie 98/79/EG und den Anhängen II und III der Richtlinie 93/42/EWG ausgestellt werden, ist auf höchstens fünf Jahre zu befristen.

§ 4
Konformitätsbewertungsverfahren für aktive implantierbare Medizinprodukte

(1) Für aktive implantierbare Medizinprodukte hat der Hersteller
1. das Verfahren der EG-Konformitätserklärung nach Anhang 2 der Richtlinie 90/385/EWG oder
2. das Verfahren der EG-Baumusterprüfung nach Anhang 3 der Richtlinie 90/385/EWG in Verbindung mit dem Verfahren der EG-Prüfung nach Anhang 4 der Richtlinie 90/385/EWG oder dem Verfahren der EG-Erklärung zur Über-

einstimmung mit dem Baumuster nach Anhang 5 der Richtlinie 90/385/EWG einzuhalten.

(2) Für Sonderanfertigungen hat der Hersteller die Erklärung nach Nummer 2.1 des Anhangs 6 der Richtlinie 90/385/EWG auszustellen. Er hat die Dokumentation nach Nummer 3.1 des Anhangs 6 zu erstellen und alle erforderlichen Maßnahmen zu treffen, um die Übereinstimmung der hergestellten Medizinprodukte mit dieser Dokumentation zu gewährleisten. Erklärung und Dokumentation sind mindestens fünf Jahre aufzubewahren.

(3) Wer aktive implantierbare Medizinprodukte nach § 10 Abs. 3 Satz 2 des Medizinproduktegesetzes aufbereitet, hat im Hinblick auf die Sterilisation und die Aufrechterhaltung der Funktionsfähigkeit ein Verfahren entsprechend Anhang 4 oder 5 der Richtlinie 90/385/EWG durchzuführen und eine Erklärung auszustellen, die die Aufbereitung nach einem geeigneten validierten Verfahren bestätigt. Die Erklärung ist mindestens fünf Jahre aufzubewahren.

§ 5
Konformitätsbewertungsverfahren für Invitro-Diagnostika

(1) Für Invitro-Diagnostika nach Anhang II Liste A der Richtlinie 98/79/EG hat der Hersteller
1. das Verfahren der EG-Konformitätserklärung (vollständiges Qualitätssicherungssystem) nach Anhang IV der Richtlinie 98/79/EG oder
2. das Verfahren der EG-Baumusterprüfung nach Anhang V der Richtlinie 98/79/EG in Verbindung mit dem Verfahren der EG-Konformitätserklärung (Qualitätssicherung Produktion) nach Anhang VII der Richtlinie 98/79/EG

durchzuführen.

(2) Für Invitro-Diagnostika nach Anhang II Liste B der Richtlinie 98/79/EG hat der Hersteller
1. das Verfahren der EG-Konformitätserklärung (vollständiges Qualitätssicherungssystem) nach Anhang IV der Richtlinie 98/79/EG oder
2. das Verfahren der EG-Baumusterprüfung nach Anhang V der Richtlinie 98/79/EG in Verbindung mit dem Verfahren der EG-Prüfung nach Anhang VI oder dem Verfahren der EG-Konformitätserklärung (Qualitätssicherung Produktion) nach Anhang VII der Richtlinie 98/79/EG

durchzuführen.

(3) Für Invitro-Diagnostika zur Eigenanwendung mit Ausnahme der in Anhang II genannten Produkte hat der Hersteller das Verfahren nach Anhang III der Richtlinie 98/79/EG oder ein Verfahren nach Absatz 1 oder 2 durchzuführen.

(4) Für die sonstigen Invitro-Diagnostika hat der Hersteller das Verfahren nach Anhang III der Richtlinie 98/79/EG durchzuführen; Nummer 6 dieses Anhangs findet keine Anwendung.

§ 6
Konformitätsbewertungsverfahren für die sonstigen Medizinprodukte

(1) Für Medizinprodukte der Klasse III hat der Hersteller
1. das Verfahren der EG-Konformitätserklärung (vollständiges Qualitätssicherungssystem) nach Anhang II der Richtlinie 93/42/EWG oder
2. das Verfahren der EG-Baumusterprüfung nach Anhang III der Richtlinie 93/42/EWG in Verbindung mit dem Verfahren der EG-Prüfung nach Anhang IV der Richtlinie 93/42/EWG oder dem Verfahren der EG-Konformitätserklärung (Qualitätssicherung Produktion) nach Anhang V der Richtlinie 93/42/EWG

durchzuführen.

(2) Für Medizinprodukte der Klasse IIb hat der Hersteller
1. das Verfahren der EG-Konformitätserklärung (vollständiges Qualitätssicherungssystem) nach Anhang II der Richtlinie 93/42/EWG mit Ausnahme der Nummer 4 oder
2. das Verfahren der EG-Baumusterprüfung nach Anhang III der Richtlinie 93/42/EWG in Verbindung mit dem Verfahren der EG-Prüfung nach Anhang IV oder dem Verfahren der EG-Konformitätserklärung (Qualitätssicherung Produktion) nach Anhang V oder dem Verfahren der EG-Konformitätserklärung (Qualitätssicherung Produkt) nach Anhang VI der Richtlinie 93/42/EWG

durchzuführen.

(3) Für Medizinprodukte der Klasse IIa hat der Hersteller
1. das Verfahren der EG-Konformitätserklärung nach Anhang VII der Richtlinie 93/42/EWG in Verbindung mit dem Verfahren der EG-Prüfung nach Anhang IV oder dem Verfahren der EG-Konformitätserklärung (Qualitätssicherung Produktion) nach Anhang V oder dem Verfahren der EG-Konformitätserklärung (Qualitätssicherung Produkt) nach Anhang VI der Richtlinie 93/42/EWG oder
2. das Verfahren nach Absatz 2 Nr. 1

durchzuführen.

(4) Für Medizinprodukte der Klasse I hat der Hersteller das Verfahren nach Anhang VII der Richtlinie 93/42/EWG durchzuführen.

(5) Für Sonderanfertigungen hat der Hersteller die Erklärung nach Nummer 2.1 des Anhangs VIII der Richtlinie 93/42/EWG auszustellen und Sonderanfertigungen der Klassen IIa, IIb und III bei der Abgabe eine Kopie beizufügen. Er hat die Dokumentation nach Nummer 3.1 des Anhangs VIII der Richtlinie 93/42/EWG zu erstellen und alle erforderlichen Maßnahmen zu treffen, um die Übereinstimmung der hergestellten Medizinprodukte mit dieser Dokumentation zu gewährleisten. Erklärung und Dokumentation sind mindestens fünf Jahre aufzubewahren.

(6) Für Systeme und Behandlungseinheiten nach § 10 Abs. 1 des Medizinproduktegesetzes hat der Hersteller die Erklärung nach Artikel 12 Abs. 2 Satz 1 der Richtlinie 93/42/EWG auszustellen. Die Erklärung ist mindestens fünf Jahre aufzubewahren. Für Systeme und Behandlungseinheiten nach § 10 Abs. 2 des

Medizinproduktegesetzes gelten die Vorschriften der Absätze 1 bis 4 entsprechend.

(7) Wer Medizinprodukte nach § 10 Abs. 3 Satz 1 des Medizinproduktegesetzes sterilisiert, hat im Hinblick auf die Sterilisation ein Verfahren nach Anhang IV, V oder VI der Richtlinie 93/42/EWG durchzuführen und eine Erklärung auszustellen, dass die Sterilisation gemäß den Anweisungen des Herstellers erfolgt ist. Die Erklärung ist mindestens fünf Jahre aufzubewahren.

(8) Wer Medizinprodukte nach § 10 Abs. 3 Satz 2 des Medizinproduktegesetzes aufbereitet, hat im Hinblick auf die Sterilisation und die Aufrechterhaltung der Funktionsfähigkeit ein Verfahren entsprechend Anhang IV, V oder VI der Richtlinie 93/42/EWG durchzuführen und eine Erklärung auszustellen, die die Aufbereitung nach einem geeigneten validierten Verfahren bestätigt. Die Erklärung ist mindestens fünf Jahre aufzubewahren.

§ 7
Durchführung von Anzeigen nach dem Medizinproduktegesetz

Der nach § 20 Abs. 6, § 24 Abs. 2 und den §§ 25 und 30 Abs. 2 des Medizinproduktegesetzes Anzeigepflichtige hat die Anzeige auf dem vom Deutschen Institut für Medizinische Dokumentation und Information dazu herausgegebenen Formblatt zu erstatten. Andere Datenträger sind den Formblättern gleichgestellt, wenn sie dem Inhalt nach diesen Formblättern entsprechen. Für die Bezeichnung von Medizinprodukten in den genannten Formblättern ist die vom Deutschen Institut für Medizinische Dokumentation und Information herausgegebene Nomenklatur für Medizinprodukte zu benutzen. Bezugsquelle der Formblätter und der Nomenklatur werden vom Bundesministerium für Gesundheit im Bundesanzeiger bekannt gemacht.

§ 8
Inkrafttreten, Außerkrafttreten

Diese Verordnung tritt am 1. Januar 2002 in Kraft. Gleichzeitig tritt die Verordnung über Medizinprodukte vom 17. Dezember 1997 (BGBl. I S. 3138, 1998 I S. 515) außer Kraft.

Anhang V/3
Verordnung über die Verschreibungspflicht von Medizinprodukten

**Verordnung
über die Verschreibungspflicht von Medizinprodukten
(MPVerschrV)**

in der Fassung der Bekanntmachung vom 21. August 2002
(BGBl. I S. 3393)

§ 1

(1) Medizinprodukte,
1. die in der Anlage dieser Verordnung aufgeführt sind oder
2. die Stoffe oder Zubereitungen aus Stoffen enthalten, die der Verschreibungspflicht nach der Verordnung über verschreibungspflichtige Arzneimittel in der Fassung der Bekanntmachung vom 30. August 1990 (BGBl. I S. 1866), zuletzt geändert durch die Verordnung vom 4. Dezember 1996 (BGBl. I S. 1846), und nach der Verordnung über die automatische Verschreibungspflicht vom 26. Juni 1978 (BGBl. I S. 917), zuletzt geändert durch die Verordnung vom 13. Dezember 1996 (BGBl. I S. 1955) in den jeweils geltenden Fassungen unterliegen, oder auf die solche Stoffe aufgetragen sind,

dürfen nur nach Vorlage einer ärztlichen oder zahnärztlichen Verschreibung an andere Personen als Ärzte oder Zahnärzte abgegeben werden (verschreibungspflichtige Medizinprodukte). Äußerer Gebrauch im Sinne der Anlagen zu den in Satz 1 Nr. 2 genannten Verordnungen ist die Anwendung auf Haut, Haaren oder Nägeln. Satz 1 gilt nicht, soweit ein verschreibungspflichtiges Medizinprodukt an andere Hersteller von Medizinprodukten, deren Bevollmächtigte, Einführer oder Händler von Medizinprodukten abgegeben wird.

(2) Die Verschreibung muss den Anforderungen des § 2 entsprechen.

§ 2

(1) Die Verschreibung muss
1. Name, Berufsbezeichnung und Anschrift des verschreibenden Arztes, Zahnarztes oder Dentisten,
2. Datum der Ausfertigung,
3. Name der Person, für die das Medizinprodukt bestimmt ist,
4. bei Sonderanfertigungen die spezifischen Auslegungsmerkmale, nach denen dieses Produkt eigens angefertigt werden soll,

5. abzugebende Menge oder gegebenenfalls Maße des verschriebenen Medizinproduktes,
6. bei Medizinprodukten, die in der Apotheke hergestellt werden sollen, eine Gebrauchsanweisung, soweit diese nach § 7 des Medizinproduktegesetzes vorgeschrieben ist,
7. eigenhändige Unterschrift des Verschreibenden
enthalten.

(2) Ist die Verschreibung für den Praxisbedarf eines Arztes, Zahnarztes, für ein Krankenhaus oder für Einrichtungen oder Teileinheiten von Einrichtungen des Rettungsdienstes bestimmt, so genügt anstelle der Angabe nach Absatz 1 Nr. 3 ein entsprechender Vermerk.

(3) Fehlt bei Medizinprodukten in abgabefertigen Packungen die Angabe der Menge oder gegebenenfalls der Maße des verschriebenen Medizinproduktes, so gilt die kleinste Packung als verschrieben.

(4) Fehlen Angaben nach Absatz 1 Nr. 2 oder 5 oder sind sie unvollständig, so kann der Apotheker, wenn ein dringender Fall vorliegt und eine Rücksprache mit dem Arzt nicht möglich ist, die Verschreibung insoweit sachgerecht ergänzen.

(5) Ist die Anforderung eines Medizinproduktes für ein Krankenhaus bestimmt, in dem zur Übermittlung dieser Anforderung ein System zur Datenübertragung vorhanden ist, das die Anforderung durch einen befugten Arzt sicherstellt, so genügt statt der eigenhändigen Unterschrift nach Absatz 1 Nr. 7 die Namenswiedergabe dieses Arztes.

§ 3

Die wiederholte Abgabe eines verschreibungspflichtigen Medizinproduktes auf dieselbe Verschreibung über die verschriebene Menge hinaus ist unzulässig.

§ 4

Verschreibungspflichtige Medizinprodukte dürfen ohne Vorlage einer Verschreibung an Ärzte oder Zahnärzte oder in dringenden Fällen nach fernmündlicher Unterrichtung durch einen Arzt oder Zahnarzt auch an andere Personen abgegeben werden, wenn sich der Apotheker Gewissheit über die Person des Arztes oder Zahnarztes verschafft hat.

§ 5

Verschreibungspflichtige Medizinprodukte dürfen auf Verschreibung eines Dentisten abgegeben werden, soweit die Abgabe nach den Anlagen zu den in § 1 Abs. 1 Nr. 2 genannten Verordnungen zulässig ist. Die §§ 2 bis 4 finden Anwendung.

§ 6

Von der Verschreibungspflicht sind Medizinprodukte ausgenommen, soweit sie der Zweckbestimmung nach nur von einem Arzt oder Zahnarzt angewendet werden können.

§ 7

(1) Nach § 41 Nr. 6 des Medizinproduktegesetzes wird bestraft, wer entgegen § 1 Abs. 1 Satz 1 oder § 3 ein Medizinprodukt abgibt.

(2) Wer eine in Absatz 1 bezeichnete Handlung fahrlässig begeht, handelt nach § 42 Abs. 1 des Medizinproduktegesetzes ordnungswidrig.

§ 8
(Inkrafttreten)

Anlage
(zu § 1 Abs. 1 Nr. 1)

1. Intrauterinpessare – zur Empfängnisverhütung –
2. Epidermisschicht der Haut vom Schwein – zur Anwendung als biologischer Verband –
3. oral zu applizierende Sättigungspräparate auf Cellulosebasis mit definiert vorgegebener Geometrie – zur Behandlung des Übergewichts und zur Gewichtskontrolle –

Anhang V/4
Verordnung über Vertriebswege für Medizinprodukte

**Verordnung
über Vertriebswege für Medizinprodukte
(MPVertrV)**

vom 17. Dezember 1997 (BGBl. I S. 3148), geändert durch Art. 10 des Gesetzes vom 13. Dezember 2001 (BGBl. I S. 3586)

Auf Grund des § 11 Abs. 2 des Medizinproduktegesetzes vom 2. August 1994 (BGBl. I S. 1963) verordnet das Bundesministerium für Gesundheit nach Anhörung von Sachverständigen im Einvernehmen mit dem Bundesministerium für Wirtschaft und, soweit der Strahlenschutz betroffen ist oder es sich um Medizinprodukte handelt, bei deren Herstellung ionisierende Strahlen verwendet werden, mit dem Bundesministerium für Arbeit und Sozialordnung und dem Bundesministerium für Umwelt, Naturschutz und Reaktorsicherheit:

§ 1
Apothekenpflicht

(1) Medizinprodukte, die nach den Vorschriften des Medizinproduktegesetzes in den Verkehr gebracht werden und
1. nach der Verordnung über die Verschreibungspflicht von Medizinprodukten vom 17. Dezember 1997 (BGBl. I S. 3146) in der jeweils geltenden Fassung verschreibungspflichtig sind oder
2. in der Anlage aufgeführt sind,
dürfen berufs- oder gewerbsmäßig nur in Apotheken in den Verkehr gebracht werden (apothekenpflichtige Medizinprodukte).

(2) Apothekenpflichtige Medizinprodukte dürfen von juristischen Personen des Privatrechts, rechtsfähigen Personengesellschaften, nicht rechtsfähigen Vereinen und Gesellschaften des bürgerlichen Rechts an ihre Mitglieder nicht abgegeben werden. Abweichend von Satz 1 gilt dies nicht, wenn es sich bei den Mitgliedern um Apotheken oder um die in § 2 genannten Personen und Einrichtungen handelt und die Abgabe unter den dort bezeichneten Voraussetzungen erfolgt.

§ 2
Ausnahme von der Apothekenpflicht

Hersteller von Medizinprodukten, deren Bevollmächtigte, Einführer und Händler von Medizinprodukten dürfen apothekenpflichtige Medizinprodukte außer an Apotheken nur abgeben an

1. andere Hersteller von Medizinprodukten, deren Bevollmächtigte, Einführer oder Händler von Medizinprodukten, soweit diese die Medizinprodukte nicht an Betreiber oder Anwender, außer an Apotheken und die in den Nummern 2 bis 4 genannten Personen oder Einrichtungen, abgeben,
2. Krankenhäuser und Ärzte, soweit es sich handelt um
    a) Hämodialysekonzentrate,
    b) radioaktive Medizinprodukte oder
    c) Medizinprodukte, die mit der Angabe „Nur für klinische Prüfungen" gekennzeichnet zur Verfügung gestellt werden,
3. zur Ausübung der Zahnheilkunde berechtigte Personen, soweit die Medizinprodukte ihrer vom Hersteller angegebenen Zweckbestimmung nach nur von diesen Personen betrieben oder angewendet werden können, oder
4. auf gesetzlicher Grundlage eingerichtete oder im Benehmen mit dem Bundesministerium für Gesundheit von der zuständigen Behörde anerkannte zentrale Beschaffungsstellen für Arzneimittel.

§ 3
Ordnungswidrigkeiten

Ordnungswidrig im Sinne des § 42 Abs. 2 Nr. 16 des Medizinproduktegesetzes handelt, wer vorsätzlich oder fahrlässig entgegen § 1 Abs. 2 Satz 1 oder § 2 ein apothekenpflichtiges Medizinprodukt abgibt.

§ 4
Inkrafttreten

(...)

Anlage
(zu § 1 Abs. 1 Nr. 2)

1. Hämodialysekonzentrate
2. Medizinprodukte im Sinne des § 3 Nr. 2 des Medizinproduktegesetzes, soweit der Stoff nach der Verordnung über apothekenpflichtige und freiverkäufliche Arzneimittel in der Fassung der Bekanntmachung vom 24. November 1988 (BGBl. I S. 2150; 1989 S. 254), geändert durch die Verordnung vom 28. September 1993 (BGBl. I S. 1671), in der jeweils geltenden Fassung apothekenpflichtig ist. Ausgenommen sind Pflaster und Brandbinden, soweit sie nicht der Verordnung über die Verschreibungspflicht von Medizinprodukten unterliegen.

Anhang V/5
Anforderungen an die Hygiene bei der Aufbereitung von Medizinprodukten

Empfehlung der Kommission für Krankenhaushygiene und Infektionsprävention beim Robert Koch-Institut (RKI) und des Bundesinstitutes für Arzneimittel und Medizinprodukte (BfArM) zu den „Anforderungen an die Hygiene bei der Aufbereitung von Medizinprodukten"

Dieser Text ersetzt die entsprechende Anlage zu Ziffer 7 der Richtlinie für Krankenhaushygiene und Infektionsprävention, veröffentlicht im Bundesgesundheitsblatt 12/92. Hinsichtlich spezifischer Probleme und Anforderungen an die Aufbereitung, z. B. der hygienischen Aufbereitung flexibler Endoskope und endoskopischer Zusatzinstrumente, wird auf konkretisierende Anlagen der Richtlinie für Krankenhaushygiene und Infektionsprävention verwiesen. Darüber hinaus behält sich die Kommission vor, nach Prüfung auf die Empfehlungen anderer, unmittelbar betroffener Fachgesellschaften zu verweisen (wie z. B. im Falle der Dialyse).

1 Grundsätzliches

Mit Krankheitserregern kontaminierte Medizinprodukte können die Quelle von Infektionen beim Menschen sein. Die Anwendung solcher Medizinprodukte setzt daher eine vorhergehende Aufbereitung voraus, an die definierte Anforderungen zu stellen sind.

Diese ergeben sich im Wesentlichen aus

- gesetzlichen Vorgaben zum Schutz von Patienten, Anwendern und Dritten (z. B. mit der Aufbereitung Betrauten) (Kat. IV; s. Anhang A, Rechtsvorschriften) [1]
- den bekannten Grenzen der zur Aufbereitung eingesetzten Verfahren (Kat. IB) [1, 2, 3, 4, 5, 6, 7, 8, 9, 10] und
- der Notwendigkeit, im Rahmen eines etablierten Qualitätsmanagementsystems die bewährten Verfahren stets in gleichbleibend hoher und nachweisbarer Qualität zu gewährleisten (Qualitätsmanagement, QM) [11].

Die hier ausgeführten Anforderungen gelten für die Aufbereitung von Medizinprodukten und Teile solcher Produkte einschließlich des Zubehörs, die dazu bestimmt sind,

- mit dem menschlichen Körper in Berührung gebracht oder in diesen eingebracht zu werden,
- für die Durchleitung, die Veränderung der biologischen oder chemischen Zusammensetzung oder die Aufbewahrung von Blut, Blutbestandteilen, anderen Körperflüssigkeiten oder Körpergeweben zur späteren Anwendung am Menschen oder
- für die Durchleitung von Flüssigkeiten, Gasen oder andere Zubereitungen zum Zwecke einer Infusion, Reinfusion, Perfusion oder sonstigen Verabreichung oder Einleitung in den menschlichen Körper angewendet zu werden (Kat. IV).

Die Aufbereitung umfasst in der Regel folgende Einzelschritte:

a) das sachgerechte Vorbereiten (Vorbehandeln, Sammeln, Vorreinigen und gegebenenfalls Zerlegen der angewendeten Medizinprodukte und deren zügigen, sicher umschlossenen und Beschädigungen vermeidenden Transport zum Ort der Aufbereitung,

b) die Reinigung/Desinfektion, Spülung und Trocknung,

c) die Prüfung auf Sauberkeit und Unversehrtheit (z. B. Korrosion, Materialbeschaffenheit), gegebenenfalls Wiederholung von Schritt b) und die Identifikation, z. B. zum Zwecke der Entscheidung über eine erneute Aufbereitung bei deren zahlenmäßiger Begrenzung,

d) die Pflege und Instandsetzung,

e) die Funktionsprüfung und, je nach Erfordernis,

f) die Kennzeichnung sowie

g) das Verpacken und die Sterilisation (Kat. IB).

Die Aufbereitung endet mit der dokumentierten Freigabe des Medizinproduktes zur Anwendung (QM).

Eine Aufbereitung vor der Anwendung ist auch dann erforderlich, wenn die Verpackung eines bestimmungsgemäß keimarmen oder sterilen Medizinproduktes geöffnet oder beschädigt und das Medizinprodukt nicht angewendet wurde, oder ein keimarm oder steril anzuwendendes Medizinprodukt nicht bereits in diesem Zustand ausgeliefert wurde und nach Angaben des Herstellers aufzubereiten ist (s. auch 2.1; Kat. IV).

Die Kette von erforderlichen Maßnahmen muss optimiert sein, da Schwächen in einem der oben aufgeführten Einzelschritte den Gesamterfolg gefährden (Kat. IB) [1, 2, 3, 4, 5, 6, 7, 8, 9, 10, 12, 13, 14].

Alle Einzelschritte der Aufbereitung müssen daher auf

- das Medizinprodukt,
- die vorausgegangene Aufbereitung und
- die vorausgegangene und nachfolgende Anwendung des Medizinproduktes

abgestimmt sein (Kat. IB) und durch Anwendung validierter Verfahren den Erfolg stets nachvollziehbar (s. Dokumentation) und reproduzierbar gewährleisten

Anforderungen an die Hygiene bei der Aufbereitung von Medizinprodukten

(Kat. IV). Das aufbereitete Medizinprodukt muss die Funktion gemäß seiner Zweckbestimmung vollumfänglich erfüllen und sämtliche sicherheitsrelevanten Anforderungen ohne Einschränkung gewährleisten. Der gesamte Aufbereitungsprozess und das aufbereitete Medizinprodukt dürfen die Sicherheit von Patienten, Anwendern und Dritten nicht gefährden. Dies bedeutet auch, dass eine Kontamination der Umgebung im Rahmen der Aufbereitung so weit wie möglich vermieden und gegebenenfalls eine desinfizierende Reinigung durchgeführt werden muss (Kat. IV).

Die Aufbereitung muss sicherstellen, dass von dem aufbereiteten Medizinprodukt bei der folgenden Anwendung keine Gefahr von Gesundheitsschäden insbesondere im Sinne von

- Infektionen,
- pyrogenbedingten Reaktionen,
- allergischen Reaktionen,
- toxischen Reaktionen
- oder aufgrund veränderter technisch-funktioneller Eigenschaften des Medizinproduktes

ausgehen (Kat. IV).

Die Aufbereitung und die stete Erfüllung der Anforderungen setzen ein Qualitätsmanagementsystem voraus (QM; Kat. IB). Die Aufbereitung soll nach den anerkannten Regeln der Technik erfolgen (Kat. IV) und den Stand von Wissenschaft und Technik berücksichtigen (Kat. IB). Hinsichtlich der Durchführung der Aufbereitung wird daher auch ausdrücklich auf die im Anhang B aufgeführten Normen verwiesen (s. Anhang B: Normen).

1.1 Verantwortung

Mit der Aufbereitung ist eine hohe Verantwortung verbunden. Die Sorgfältspflicht schließt die Erfüllung aller nachstehenden Anforderungen ein. Aus Gründen der innerbetrieblichen Organisation und des erforderlichen Qualitätsmanagements sind vor der Aufbereitung von Medizinprodukten die Zuständigkeiten für alle Schritte der Aufbereitung zu regeln und zu dokumentieren (QM).

Eine der wichtigsten Maßnahmen für die sachgerechte Durchführung der Aufbereitung ist die Risikobewertung und Einstufung der aufzubereitenden Medizinprodukte (QM; Kat. IB; S. 1.2.1) [11].

Darauf basierend hat der für die Aufbereitung Verantwortliche (der Betreiber) unter Berücksichtigung der Angaben des Herstellers (s. hierzu auch DIN EN ISO 17 664) schriftlich festzulegen (s. Tabelle 1),

- ob,
- mit welchen Verfahren und
- unter welchen Bedingungen (z. B. Räume, Arbeitsmittel, Qualifikation des Personals)

Medizinprodukte, die in seinem Verantwortungsbereich betrieben werden, aufbereitet und gelagert werden (QM).

Die praktische Durchführung der zur Anwendung kommenden Verfahren ist vor der Aufbereitung in allen Einzelschritten festzulegen. Es ist dabei zu beachten, dass der jeweils Zuständige seine Aufgabe aufgrund seiner Position und Qualifikation auch tatsächlich erfüllen kann (QM). Von entscheidender Bedeutung sind ein hoher Ausbildungsstandard und regelmäßige Unterweisungen (QM; Kat. IB; s. auch Tabelle 1) [11]. Anforderungen an die Ausbildung sind in Deutschland beschrieben (s. Anhang A).

Bei der Aufbereitung durch Dritte wird empfohlen, die Rechte und Pflichten des Betreibers und des Auftragnehmers und die Modalitäten der Übergabe und Rückgabe der Medizinprodukte schriftlich in einem Vertrag zu fixieren. Das auftragnehmende Unternehmen soll ein Qualitätsmanagementsystem, das die Erfüllung der hier genannten Anforderungen sicherstellt, nachweisen. Zur Zertifizierung s. auch 1.4 und Tabelle 1 (QM).

1.2 Voraussetzungen für die Aufbereitung

Voraussetzung für die Aufbereitung ist, dass die Eignung (Produktverträglichkeit) der zur Anwendung kommenden Aufbereitungsverfahren (Gewährleistung der funktionellen und sicherheitsrelevanten Eigenschaften des Medizinproduktes nach Aufbereitung) und die Wirksamkeit im Rahmen einer produkt-/produktgruppenspezifischen Prüfung und Validierung belegt wurden (s. auch 1.2.2, Kat. IV; QM).

Vor der Entscheidung zur Aufbereitung soll über die kritische Bewertung der sachgerechten Durchführbarkeit hinaus auch geprüft werden, ob der gesamte Prozess (auch unter Berücksichtigung des mit der Aufbereitung und Anwendung des Medizinproduktes verbundenen Risikos und des Aufwandes für die Validierung und Qualitätssicherung) wirtschaftlich und ökologisch sinnvoll ist.

Es ist zweckmäßig, bereits vor der Anschaffung eines Medizinproduktes Durchführbarkeit und Aufwand der Aufbereitung zu überdenken und die Anwender sowie die für die Aufbereitung Zuständigen in die Entscheidung über die Beschaffung des Medizinproduktes sowie die erforderlichen Mittel und Geräte für die Aufbereitung (Reinigungs-, Desinfektions, Pflegemittel etc.) einzubeziehen (QM; Kat. IB).

1.2.1 Risikobewertung und Einstufung von Medizinprodukten vor der Aufbereitung

Für jedes Medizinprodukt (gegebenenfalls für die Produktgruppe) ist durch den für die Aufbereitung Verantwortlichen schriftlich festzulegen,

- ob,
- wie oft und
- mit welchen Verfahren es aufbereitet werden soll (QM, s. Tabelle 1).

Tabelle 1
Risikobewertung und Einstufung von Medizinprodukten vor Aufbereitung

Einstufung	Medizinprodukt	Vorbehandlung	Reinigung/ Desinfektion	Spez. Kennzeichnung	Sterilisation	Kritische Verfahrensschritte, besondere Anforderungen	Für die Richtigkeit[4]
Unkritisch	z. B. EKG-Elektroden		X				
Semikritisch							
A) ohne besondere Anforderungen an die Aufbereitung	z. B. Spekulum	(X)	X		(X)	Mindestens Desinfektion mit geprüften Mitteln/Verfahren (Wirkungsbereich A B gemäß der Definition der RKI-Liste)	
B) mit erhöhten Anforderungen an die Aufbereitung	z. B. Flexibles Endoskop (Gastroskop)	X[1]	X		(X[2])	Zusätzlich: s. entsprechende spez. Anlage zur hygienischen Aufbereitung flexibler Endoskope und endoskopischer Zusatzinstrumente; bevorzugt maschinelle Reinigung und Desinfektion	
Kritisch							
A) ohne besondere Anforderungen an die Aufbereitung	z. B. Wundhaken	(X)	X		X	bevorzugt maschinelle Reinigung und Desinfektion; Dampfsterilisation	
B) mit erhöhten Anforderungen an die Aufbereitung	z. B. MIC-Trokar	X[1]	X	(X)	X	Zusätzlich: Nachweis einer anerkannten Ausbildung zur/zum Sterilgut-Assistentin/ten des mit der Aufbereitung Betrauten; In jedem Falle maschinelle thermische Reinigung/Desinfektion aller Teile mit direktem Gewebekontakt in Reinigungs- und Desinfektionsgeräten; Dampfsterilisation aller Teile mit Gewebekontakt	
C) mit besonders hohen Anforderungen an die Aufbereitung		X[1]	X	X	X[3]	Geeignete Sterilisation Zusätzlich: Zertifizierung des Qualitätsmanagementsystems [DIN EN ISO 13 485/13488] durch eine von der zuständigen Behörde akkreditierte Stelle; Risikoanalyse DIN EN ISO 14 971 (s. Text 1.4)	

[1] Vorreinigung unmittelbar nach Anwendung.
[2] Gegebenenfalls bei Endoskopen, die in sterilen Körperhöhlen eingesetzt werden.
[3] Für nicht thermische Verfahren der Sterilisation wurde der Nachweis der Inaktivierung von Prionen bisher nicht erbracht. Dies ist bei Medizinprodukten dieser Gruppe, die bestimmungsgemäß in Kontakt mit eröffnetem lymphatischem Gewebe oder Nervengewebe kommen, zu beachten.
[4] s. 1.1. des Textes.
(X) Arbeitsschritt optional.

Für die korrekte Einstufung der Medizinprodukte, die Festlegung der Art und die Durchführung der Aufbereitung ist der Betreiber verantwortlich. Die Angaben des Herstellers sind zu berücksichtigen (Kat. IV; s. auch DIN EN ISO 17 664). Es ist zweckmäßig, bei der Einstufung und Festlegung der Art der Aufbereitung den für die Hygiene sowie den für die Aufbereitung unmittelbar Zuständigen einzubeziehen (Kat. IB; QM).

Bei Zweifeln an der Einstufung ist das Medizinprodukt der höheren (kritischeren) Risikostufe zuzuordnen (QM). Die Eignung (Einhaltung der funktions- und sicherheitsrelevanten Eigenschaften des Medizinproduktes) und die Wirksamkeit des gewählten Aufbereitungsverfahrens müssen in – dem Medizinprodukt und seiner Risikobewertung angemessenen – Prüfungen nachgewiesen worden sein (Kat. IV).

Bei der aufgrund der erforderlichen Einstufung für jedes Medizinprodukt durchzuführenden Bewertung und Auswahl der Aufbereitungsverfahren müssen

- die konstruktiven, materialtechnischen und funktionellen Eigenschaften des Medizinproduktes sowie die Angaben des Herstellers (s. auch DIN EN ISO 17 664) und
- die Art der vorangegangenen und der nachfolgenden Anwendung des Medizinproduktes

berücksichtigt werden, da diese die Wirksamkeit und Eignung der Verfahren beeinflussen können (Kat. IB) [2, 7, 8, 9, 13, 14, 15].

Überlegungen zu Menge und Art der an dem angewendeten Medizinprodukt zu erwartenden Krankheitserreger und deren Resistenz gegenüber den zur Anwendung kommenden Aufbereitungsverfahren sind für die Beachtung der Wirkungsgrenzen der zum Einsatz vorgesehenen Verfahren entscheidend (Kat. IB) [1, 2, 3, 4, 5, 7, 8, 9, 10].

Die von aufbereiteten Medizinprodukten ausgehenden Risiken werden bestimmt

a) durch unerwünschte Wirkungen, die sich

- aus der vorangegangenen Anwendung,
- der vorangegangenen Aufbereitung und
- dem Transport und der Lagerung

ergeben können sowie

b) durch die Art der folgenden Anwendung.

Risiken können entstehen z. B. durch

- Rückstände aus der vorangegangen Anwendung (z. B. Blut, Blutbestandteile, Sekrete und andere Körperbestandteile, andere Arzneimittel),
- Rückstände aus der vorangegangen Aufbereitung (z. B. Reinigungs-, Desinfektions-, Sterilisations- und anderen Mitteln, einschließlich deren Reaktionsprodukte),

Anforderungen an die Hygiene bei der Aufbereitung von Medizinprodukten

- Änderungen physikalischer, chemischer oder funktioneller Eigenschaften des Medizinproduktes oder
- Veränderungen der Materialbeschaffenheit (z. B. beschleunigter Materialverschleiß, Versprödung und veränderte Oberflächeneigenschaften, Veränderungen an Kontaktstellen und Klebeverbindungen) [15].

Hinsichtlich der Art der folgenden Anwendung und dem sich daraus ableitenden Risiko können Medizinprodukte eingestuft werden in:

Unkritische Medizinprodukte. Medizinprodukte, die lediglich mit intakter Haut in Berührung kommen.

Semikritische Medizinprodukte. Medizinprodukte, die mit Schleimhaut oder krankhaft veränderter Haut in Berührung kommen.

Kritische Medizinprodukte. Medizinprodukte zur Anwendung von Blut, Blutprodukten und anderen sterilen Arzneimitteln und Medizinprodukte, die die Haut oder Schleimhaut durchdringen und dabei in Kontakt mit Blut, inneren Geweben oder Organen kommen, einschließlich Wunden (s. Tabelle 1) [2, 4, 8].

Konstruktive und materialtechnische Details des Produktdesigns können erhöhte Anforderungen an die Aufbereitung stellen. Es ist deshalb erforderlich, diese Einstufung zu präzisieren (Kat. IB) [2, 6, 8, 12, 13, 14, 15]. Semikritische undkritische Medizinprodukte können weiter eingeteilt werden in solche, bei denen die Aufbereitung ohne besondere Anforderungen (Gruppe A) oder mit erhöhten Anforderungen (Gruppe B) durchgeführt werden muss. Bei kritischen Medizinprodukten können zusätzlich solche abgegrenzt werden, bei denen an die Aufbereitung besonders hohe Anforderungen Gruppe C) gestellt werden müssen (s. 1.4 und Tabelle 1).

Medizinprodukte, die erhöhte Anforderungen an die Aufbereitung stellen, sind solche Medizinprodukte, bei denen

- die Effektivität der Reinigung nicht durch Inspektion unmittelbar beurteilbar ist (z. B. wegen langer, enger, insbesondere endständiger Lumina, Hohlräumen mit nur einer Öffnung (keine Durchspülung, sondern nur Verdünnung möglich), komplexer, schlecht zugänglicher und daher schlecht bespülbarer Oberflächen),
- die Anwendungs- oder Funktionssicherheit beeinflussende Effekte der Aufbereitung einschließlich des Transportes) auf das Medizinprodukt und seine Materialeigenschaften nicht auszuschließen sind (z. B. knickempfindliche Medizinprodukte; empfindliche Oberflächen) und die somit einen erhöhten Aufwand bei der technisch-funktionellen Prüfung erfordern oder
- die Anzahl der Anwendungen oder der Aufbereitungszyklen durch den Hersteller auf eine bestimmte Anzahl begrenzt ist.

Innerhalb der Gruppe der kritischen Medizinprodukte ist bei solchen mit erhöhten Anforderungen an die Aufbereitung weiterführend zu unterscheiden zwischen

- thermostabilen (d. h. bei 134 °C dampfsterilisierbaren) und
- thermolabilen (d. h. nicht dampfsterilisierbaren)

Medizinprodukten.

Aufgrund der Wirkungsgrenzen nicht thermischer Sterilisationsverfahren müssen kritische, nicht dampfsterilisierbare Medizinprodukte dieser Gruppe als Medizinprodukte mit besonders hohen Anforderungen an die Aufbereitung (= Kritisch C; s. Tabelle 1) eingestuft werden (Kat. IB) [2, 3, 4, 5, 13].

Die sich aus dieser Einstufung (Risikobewertung) ableitenden besonderen Anforderungen an die Aufbereitung sind in der Tabelle 1 dargestellt.

Aufgrund

- der besonders hohen Anforderungen an die nur verfahrenstechnisch sicherzustellende stete Gewährleistung der Reinigungsleistung,
- der Grenzen der zum Einsatz kommenden Sterilisationsverfahren und
- der Notwendigkeit besonderer, regelmäßig zu gewährleistender Anforderungen, um die Effektivität der nicht thermischen Sterilisationsverfahren sicherzustellen,

unterliegt die Aufbereitung von kritischen Medizinprodukten mit besonders hohen Anforderungen an die Aufbereitung („Kritisch C, s. Tabelle 1) einer externen Qualitätskontrolle. Diese ist durch eine Zertifizierung des Qualitätsmanagementsystems zur jederzeitigen Gewährleistung der Erfüllung dieser Anforderungen nachzuweisen (s. auch 1.4 und Tabelle 1; Kat. IB; QM).

Bei der Risikobewertung der aufzubereitenden Medizinprodukte sind die kritischen Verfahrensschritte und die potenziellen Gefährdungen zu definieren (QM). Hieraus ergeben sich Maßnahmen zur Risikominimierung oder die Entscheidung zum Verzicht auf die Aufbereitung.

In diesem Zusammenhang ist u. a. auch zu berücksichtigen, dass die effektive Reinigung durch besondere Anwendungen (z. B. Anwendung von öligen oder viskösen Substanzen) unmöglich werden kann. Besondere Schwierigkeiten ergeben sich auch bei der Reinigung von Medizinprodukten mit Hohlräumen nach Anwendung in festen Geweben (z. B. Bohrer und Schrauben nach Anwendung am Knochen). Medizinprodukte, deren Aufbereitung technisch schwierig ist und mit einem hohen Verletzungsrisiko einhergeht, erfordern besondere Aufmerksamkeit. Gegebenenfalls, wie z. B. bei Injektionskanülen, soll auf die Aufbereitung verzichtet werden (Kat. IB). Aufgrund des besonderen Gefährdungspotenzials sollen auch Medizinprodukte, die zur Anwendung von Zytostatika oder Radiopharmaka dienten, von der Aufbereitung ausgeschlossen werden (Kat. IB).

Hinsichtlich der Aufbereitung von Medizinprodukten, die bei an der Creutzfeldt-Jacob-Krankheit (CJK) oder deren Variante (vCJK) Erkrankten oder Krankheitsverdächtigen angewendet wurden, sind die in der entsprechenden Anlage der Richtlinie für Krankenhaushygiene und Infektionsprävention und die durch Veröffentlichungen im Bundesgesundheitsblatt genannten Anforderungen einzuhalten. In der Regel sind Medizinprodukte, die bei dieser Patientengruppe angewandt wurden, durch Verbrennung (Europäischer Abfall-Katalog EAK 18 0103) gefahrlos zu beseitigen (Kat. IB) [9, 10]. Trockene Hitze, Ethanol, Formaldehyd und Glutaraldehyd haben eine fixierende, aber keine inaktivierende Wirkung auf TSE-Erreger. Von den zur Verfügung stehenden Sterilisationsverfahren wurde nur für die Dampfsterilisation (insbesondere 134 °C, 18 Minuten) eine begrenzte Wirkung nachgewiesen [9, 10].

1.2.2 Angaben des Herstellers

Die Verkehrsfähigkeit eines wiederverwendbaren Medizinproduktes schließt ein, dass der Hersteller Angaben zur Aufbereitung einschließlich Reinigung/ Desinfektion, Spülung, Trocknung, Sterilisation, Transport sowie zur sachgerechten Lagerung zur Verfügung stellen muss (s. ¹und DIN EN ISO 17 664) (Kat. IV).

Dies ist bereits bei der Anschaffung von Medizinprodukten zu berücksichtigen. Sofern von den Angaben des Herstellers zur Aufbereitung abgewichen wird, muss dies begründet und dokumentiert werden und sichergestellt sein,

- dass die Funktionsfähigkeit zur Erfüllung der Zweckbestimmung und
- die Anwendungssicherheit des aufbereiteten Medizinproduktes vollumfänglich gewährleistet ist (s. auch 1.2.1). Es ist eine dem Medizinprodukt und seiner Risikobewertung und Einstufung angemessene Prüfung und Validierung der Verfahren hinsichtlich Eignung und Wirksamkeit durchzuführen (Kat. IV).

1.3 Validierung der Aufbereitungsverfahren

Gemäß § 4 MPBetreibV sind die Reinigung, Desinfektion und Sterilisation von Medizinprodukten mit geeigneten, validierten Verfahren so durchzuführen, dass der Erfolg dieser Verfahren nachvollziehbar gewährleistet ist und die Sicherheit und Gesundheit von Patienten, Anwendern und Dritten nicht gefährdet wird (Kat. IV). Mit der Validierung der Aufbereitungsprozesse werden auch die Parameter definiert, die erforderlich sind zu beweisen, dass der jeweilige Prozess (Einzelschritt der Aufbereitung) in einer Form durchlaufen wurde, die die Erzielung der jeweils vorgegebenen Spezifikationen garantiert. In dem hier beschriebenen Zusammenhang sind dies

- die für die Erfüllung der technisch-funktionellen Sicherheit zu gewährleistenden Designparameter des Medizinproduktes (Eignung des Verfahrens für das Medizinprodukt) und

---
1 Auszug aus der RICHTLINIE 93/42/EWG DES RATES vom 14. Juni 1993 über Medizinprodukte, Anhang 1; Abschnitt 11, Nummer 13.6: Die Gebrauchsanweisung muss nach Maßgabe des konkreten Falles folgende Angaben enthalten: h) bei wiederzuverwendenden Produkten Angaben über geeignete Aufbereitungsverfahren, z. B. Reinigung, Desinfektion, Verpackung und gegebenenfalls Sterilisationsverfahren, wenn eine erneute Sterilisation erforderlich ist, sowie Angaben zu einer eventuellen zahlenmäßigen Beschränkung der Wiederverwendungen; bei der Lieferung von Produkten, die vor der Anwendung zu sterilisieren sind, müssen die Angaben zur Reinigung und Sterilisation sicherstellen, dass das Produkt bei ihrer ordnungsgemäßen Befolgung die Anforderungen des Abschnitts 1 nach wie vor erfüllt.

- die Parameter zur Gewährleistung der effektiven Reinigung, Desinfektion und Sterilisation.

Die Validierung soll dem Medizinprodukt und seiner Risikobewertung und Einstufung angemessen sein und nach den anerkannten Regeln der Technik unter Berücksichtigung des Standes von Wissenschaft und Technik erfolgen (Kat. IV).

Soweit keine einheitlichen Produktchargen gebildet werden können, müssen die Prüfungen im Rahmen der Validierung an Produkttypen (gegebenenfalls Prüfmodellen) erfolgen, die nachweislich für alle wesentlichen Merkmale repräsentativ für bestimmte, gegebenenfalls zu bildende Gruppen von Medizinprodukten anzusehen sind. Die Kriterien für die Bildung von Produktgruppen oder die Auswahl von Prüfmodellen sind zu dokumentieren.

Sterilisationsverfahren sind unter der Voraussetzung ihrer Anwendung bei rückstandsfrei gereinigten Medizinprodukten vollständig validierbar. Hierzu liegen auch entsprechende Regelungen vor (s. Normen). Bei Reinigungs- und Desinfektionsverfahren sind speziell maschinelle Verfahren validierbar. Manuelle Reinigungs- und Desinfektionsverfahren müssen stets nach dokumentierten Standardarbeitsanweisungen und mit auf Wirksamkeit geprüften, auf das Medizinprodukt abgestimmten (d. h. geeigneten und materialverträglichen) Mitteln und Verfahren durchgeführt werden (Kat. IV). Bei maschinellen Reinigungs- und Desinfektionsverfahren kann verfahrenstechnisch sichergestellt werden, dass die zur Erzielung einer quantifizierbaren Reinigungs- und Desinfektionsleistung notwendigen Parameter, z. B. Wasservolumina, Wasserdruck, Temperatur, pH-Wert, Dosierung von Reinigungs- und Desinfektionsmitteln und Einwirkzeit, eingehalten werden. Überwachungs-, Kontroll- und Warnsysteme der Maschinen stellen die Voraussetzung für eine gesicherte Reinigung und Desinfektion und damit Aufbereitung dar. Wegen des hohen Stellenwertes der Reinigungs- und Desinfektionsleistung sind nur Geräte zu empfehlen, die einer Typprüfung durch den Hersteller mit Erfolg unterzogen wurden (Kat. IB) [12]. Es wird darauf hingewiesen, dass die Reinigungsleistung maschineller Verfahren unterschiedlich ist [12, 16].

1.4 Sicherung der Qualität der zur Anwendung kommenden Aufbereitungsprozesse

Die kontinuierliche Gewährleistung der Qualität der Aufbereitung erfordert Sachkenntnis [11] und soll durch ein Qualitätsmanagementsystem unter Beachtung der vorliegenden Empfehlung sichergestellt werden (Kat. IB, QM). Die gemäß der Einstufung der Medizinprodukte durchzuführenden Aufbereitungsverfahren sind in ihren Einzelschritten unter Angabe der jeweilig notwendigen Prüfungen in Standardarbeits- und Betriebsanweisungen festzulegen (QM). Das Qualitätsmanagementsystem für die Aufbereitung von Medizinprodukten mit besonders hohen Anforderungen an die Aufbereitung („Kritisch C", s. Tabelle 1) soll durch eine von der zuständigen Behörde (Zentralstelle der Länder für Gesundheitsschutz bei Arzneimitteln und Medizinprodukten, Zentralstelle der Länder für Sicherheitstechnik) akkreditierte Stelle (Benannte Stelle gemäß § 20 (1) MPG) nach DIN EN 13 485 bzw. DIN EN 13 488 zertifiziert sein (Kat. IB;

QM). Die Zertifizierung soll bis zum 31. 12. 2002 abgeschlossen sein. In dieser Zeit soll sichergestellt werden, dass die Forderungen der o. g. Normen bereits berücksichtigt werden. Sofern bereits eine Zertifizierung (s. oben) nach EN 46ool bzw. 46 002 vorliegt, trifft die in den Normen DIN EN 13 485 und 13 488 angegebene Übergangszeit (drei Jahre) zu. Das Verfahren vereinfacht sich, wenn Prüfberichte und Validierungsprotokolle von Laboratorien, die für die relevanten Verfahren von der zuständigen Behörde akkreditiert sind (s. oben), stammen, da diese Unterlagen von den Zertifizierungsstellen (s. oben) entsprechend berücksichtigt und anerkannt werden können.

Die Qualität der maschinellen Aufbereitung wird in Abhängigkeit vom jeweiligen Verfahren der Reinigung/Desinfektion und Sterilisation durch

a) eine Inbetriebnahmeprüfung (Aufstellungsprüfung),

b) tägliche Routineprüfungen,

c) chargenbezogene Routineprüfungen,

d) messtechnische Überwachung und Prüfung der Verfahrensparameter und

e) periodische Prüfungen

sichergestellt (Kat. IB, QM; s. auch Anhang Normen).

Die zu prüfenden Parameter ergeben sich aus dem Validierungsprotokoll.

Periodische Prüfungen sollen bestätigen, dass sich keine unbeabsichtigten Prozessänderungen ergeben haben und nachweisen, dass die im Validierungsprotokoll festgelegten Parameter eingehalten werden (QM). Sie können z. B. mit der Wartung der für die Aufbereitung eingesetzten Geräte zeitlich koordiniert werden, um zusätzliche Ausfallzeiten zu vermeiden.

2 Durchführung der Aufbereitung

2.1 Aufbereitung nicht angewendeter Medizinprodukte

Bei diesen Medizinprodukten handelt es sich um:

- unsteril angelieferte, aber steril zur Anwendung kommende Medizinprodukte, welche vor ihrer Anwendung entsprechend der Herstelleranweisung aufzubereiten sind,

- sterilisierte Medizinprodukte, bei denen die Verpackung beschädigt oder geöffnet wurde, ohne dass das Medizinprodukt angewendet wurde, oder um

- Medizinprodukte, bei denen die Sterilgutlagerfrist innerhalb des Zeitraumes, in dem eine gefahrlose Anwendung des Medizinproduktes möglich ist (Verfalldatum), abgelaufen ist,

ohne dass zwischenzeitlich eine Anwendung erfolgte und die Beschaffenheit des Produktes eine Aufbereitung zulässt.

Sofern eine Kontamination oder Beschädigung des Medizinproduktes ausgeschlossen ist, kann sich die Aufbereitung auf die erneute Verpackung und Sterilisation beschränken, vorausgesetzt, dass die technisch-funktionelle Sicherheit hierdurch nicht beeinträchtigt wird. Hierbei sind die Herstellerangaben zu berücksichtigen.

Folgende Schritte sind erforderlich:

- gegebenenfalls auspacken und prüfen der technisch-funktionellen Sicherheit (s. auch 2.2.2),
- neu verpacken (S. 2.2.3),
- anwenden eines geeigneten Sterilisationsverfahrens (S. 2.2.4), das neben der Sterilisation sicherstellt, dass die Funktion des Medizinproduktes ohne Einschränkung erhalten bleibt, Kennzeichnung (S. 2.2.5),
- Dokumentation der Aufbereitung (S. 2.2.7),
- Freigabe zur Anwendung (S. 2.2.6).

Sofern eine Kontamination nicht auszuschließen ist, gegebenenfalls auch bei unsteril angelieferten, aber steril zur Anwendung kommenden Medizinprodukten, sind auch diese Medizinprodukte unter Berücksichtigung der Angaben des Herstellers wie angewendete Medizinprodukte gemäß Ziffer 2.2 aufzubereiten (Kat. IV).

2.2 Aufbereitung angewendeter Medizinprodukte

Bei angewendeten Medizinprodukten sind folgende Aufbereitungsschritte erforderlich:

- das sachgerechte Vorbereiten (Vorbehandeln, Sammeln, Vorreinigen und gegebenenfalls Zerlegen) der angewendeten Medizinprodukte und deren sicher umschlossenen und Beschädigungen vermeidenden Transport zum Ort der Aufbereitung,
- die Reinigung/Desinfektion, Spülung und Trocknung (S. 2.2.1),
- die Prüfung auf Sauberkeit und Unversehrtheit der Oberflächen (z. B. Korrosion, Materialbeschaffenheit) und gegebenenfalls Identifikation zum Zwecke der Entscheidung über eine erneute Aufbereitung,
- die Pflege und Instandsetzung,
- die Prüfung der technisch-funktionellen Sicherheit (S. 2.2.2) und, je nach Erfordernis,
- die Kennzeichnung (S. 2.2.5) sowie
- das Verpacken (S. 2.2.3) und die Sterilisation (S. 2.2.4).

Die Aufbereitung endet mit der dokumentierten Freigabe des Medizinproduktes zur erneuten Anwendung (S. 2.2.6 und 2.2.7) (QM).

2.2.1 Vorbereitung der Aufbereitung, Reinigung/Desinfektion, Spülung und Trocknung

Die Kette von erforderlichen Maßnahmen muss optimiert sein, da Schwächen in einem Einzelschritt (z. B. der Reinigung) den Gesamterfolg in Frage stellen können. Unzureichende Ergebnisse können durch Mängel bei jedem Schritt der

Anforderungen an die Hygiene bei der Aufbereitung von Medizinprodukten

Aufbereitung, z. B. bei Verwendung nicht geeigneter Reinigungs- und Desinfektionsmittel, fehlerhafter Anwendung, kontaminierter Desinfektions- oder Spülflüssigkeiten, unzureichende Trocknung und fehlerhafte Lagerung, auftreten [2, 8, 12, 13, 14]. Zur Gewährleistung einer ordnungsgemäßen Aufbereitung von Medizinprodukten ist daher in der Regel eine Vorbereitung (Vorbehandlung und Sammlung) notwendig (s. auch Tabelle 1). Um eine Beeinträchtigung der hygienischen Sicherheit und der Funktionsfähigkeit des aufbereiteten Medizinproduktes auszuschließen, muss, insbesondere bei zeitlicher Verzögerung der Reinigung/Desinfektion, eine in diesen Fällen erforderliche Vorreinigung und gegebenenfalls die Zwischenlagerung folgende Anforderungen erfüllen:

- Grobe Verschmutzungen des Medizinproduktes sollen unmittelbar nach Anwendung entfernt werden. Das Antrocknen von Blut und Gewebe ist durch Festlegung geeigneter Verfahren und Abläufe (z. B. Abwischen äußerer Verschmutzungen und Spülung von Arbeitskanälen unmittelbar nach Anwendung), insbesondere zur Vermeidung einer Beeinträchtigung der Reinigungsleistung (Antrocknung von Infektionserregern in Schutzkolloiden) soweit wie möglich auszuschließen (Kat. IB).

- Die Mittel und Verfahren der Vorreinigung sind auf die nachfolgenden Aufbereitungsverfahren abzustimmen, insbesondere, um nachteilige Effekte auf folgende Schritte auszuschließen (z. B. Vermeidung fixierender Verfahren wie die Anwendung von Hitze oder Aldehyden vor der Reinigung; Ausnahmen können aus Gründen der Infektionsprävention in besonderen Situationen erforderlich sein) (Kat. IB) [2, 8, 9, 10].

- Chemische, mechanische und physikalische Schädigungen der Medizinprodukte durch die Vorreinigung, den Transport oder eine eventuell notwendige Zwischenlagerung (z. B. mit der Folge von Kristallisation von Flüssigkeitsresten) sind durch Festlegung geeigneter Verfahrensabläufe auszuschließen. Entsprechende Risiken (z. B. ein Abknicken) sind bei der Prüfung auf Sauberkeit und technisch-funktionelle Sicherheit zu berücksichtigen (QM).

Bei allen Schritten der Vorbereitung (der Vorreinigung, Sammlung, Zwischenlagerung und dem Transport) sind die Belange des Arbeitsschutzes, z. B. durch geeignete Schutzkleidung, Schutzbrille, geeignete Handschuhe, Raumluftqualität, zu gewährleisten (Kat. IV).

Eine sicher wirksame Sterilisation erfolgt nur bei sauberen Medizinprodukten. Der Reinigung kommt daher besondere Bedeutung im Gesamtablauf der Aufbereitung zu [2, 8, 9, 10, 12, 13].

Bei der Reinigung/Desinfektion, Spülung und Trocknung ist zwischen manuellen und maschinellen Verfahren zu unterscheiden, wobei maschinellen Verfahren insbesondere aufgrund der besseren Standardisierbarkeit und des Arbeitsschutzes der Vorzug zu geben ist (s. auch 1.3; Kat. IB). Bei der manuellen Reinigung/Desinfektion mit einer möglichen Verletzungs- und Infektionsgefahr muss eine nichtfixierende Desinfektion mit belegter Wirksamkeit unter Beachtung von weiteren Maßnahmen des Arbeitsschutzes (z. B. Schutzkleidung, Schutzbrille, geeignete Handschuhe; Raumluftqualität) erfolgen (Kat. IV).

Die Reinigungs-, Desinfektions-, Spül- und Trocknungsverfahren müssen folgende Anforderungen erfüllen.

Reinigung

- Grundsätzlich müssen alle äußeren und inneren Oberflächen für die eingesetzten Reinigungs, Desinfektions- und Sterilisationsmittel zugänglich sein (Öffnen von Ventilen/Hähnen, Gelenkinstrumenten!). Komplexe Medizinprodukte müssen gegebenenfalls zerlegt werden (Kat. IB) [2, 8].
- Es muss ein wirksames Reinigungsverfahren unter Vermeidung nachhaltiger, d. h. für die Anwendungssicherheit des freigegebenen Medizinproduktes relevanter Kreuzkontaminationen angewendet werden. Ziel der Maßnahmen ist eine rückstandsfreie Reinigung, um anschließende Schritte der Desinfektion und Sterilisation nicht durch z. B. Blut-, Sekret- oder Geweberückstände zu beeinträchtigen (Kat. IB) [2, 8, 9, 14].
- Wie bei der Vorreinigung ist auch bei der (Haupt-)Reinigung durch die Verfahrensführung sicherzustellen, dass es nicht zu einer Fixierung von Rückständen (z. B. Blut, Sekreten, Gewereresten) am Medizinprodukt kommt, da diese die Reinigungs, Desinfektions- und Sterilisationsleistung beeinträchtigt (Kat. IB) [2, 8, 9, 14].

Die alkalische Reinigung (z. B. unter Einsatz von erwärmter NaOH-Lösung) zeichnet sich durch eine hohe Wirksamkeit hinsichtlich der Lösung von Protein- und Fettrückständen und eine antimikrobielle Wirkung aus. Andererseits kann es zu nachteiligen Materialveränderungen kommen. Unter diesem Aspekt sind bei der Anschaffung von Medizinprodukten solche zu bevorzugen, die sich auch alkalisch reinigen lassen. Entscheidend ist die nachgewiesene Reinigungsleistung eines Mittels oder Verfahrens (Kat. IB).

- Die Anwendung von Ultraschall kann unter bestimmten Voraussetzungen die Reinigungsleistung erhöhen. Beim Einsatz von Ultraschall muss die Dosierungsvorgabe des ultraschallgetesteten Reinigungs-/Desinfektionsmittels in Verbindung mit der vorgegebenen Beschallungszeit unter Berücksichtigung der Angaben des Herstellers eingehalten werden. Die verwendeten Reiniger sollen die Wiederanheftung abgelösten Materials vermeiden (Minimierung von Kreuzkontaminationen). Der Einsatz von Ultraschall ist nicht bei allen Medizinprodukten möglich (Vorsicht z. B. bei Klebungen) oder, insbesondere wegen mangelhafter Übertragung des Schalls bei weichen oder luftgefüllten Medizinprodukten, nicht immer effektiv. Im Zweifelsfall ist der Hersteller zu befragen. Der Beladung der Ultraschallbäder ist besondere Sorgfalt zu widmen, da Fehlbeladungen zu mangelhafter Wirkung (z. B. durch Schallschatten) führen können. Zur Entfaltung der Wirkung müssen alle Teile des Medizinproduktes komplett von Flüssigkeit bedeckt sein. Da Ultraschall zu Temperaturveränderungen führen kann, die gegebenenfalls negative Auswirkungen auf die Medizinprodukte oder die Reinigungsleistung haben, soll die Betriebstemperatur geräteseits kontrolliert werden (Kat. IB). Aus Gründen des Arbeitsschutzes ist eine Abdeckung der Ultraschallbäder empfehlenswert.
- Die Reinigungslösung wird durch organisches Material und chemische Rück-

stände verunreinigt und ist zur Vermeidung mikrobieller Vermehrung, von nachhaltigen Kreuzkontaminationen und einer Beeinträchtigung der Reinigungsleistung mindestens arbeitstäglich frisch anzusetzen, bei sichtbarer Verschmutzung sofort zu wechseln. Aus den gleichen Gründen und zur Vermeidung von Biofilmbildung soll das Reinigungsbecken arbeitstäglich gründlich mechanisch gereinigt und desinfiziert werden (Kat. IB) [17].

Desinfektion

- Die verwendeten Desinfektionsverfahren müssen nachweislich bakterizid, fungizid und viruzid sein (Wirkungsbereich AB gemäß der Definition der Wirkungsbereiche der Liste der geprüften Desinfektionsmittel und -verfahren des Robert Koch-Institutes). Von dem gereinigten und desinfizierten Medizinprodukt darf bei Kontakt mit Haut und Schleimhaut keine Infektionsgefahr ausgehen. Den thermischen Verfahren in Reinigungs- und Desinfektionsgeräten ist wegen der zuverlässigeren Wirksamkeit (z. B. der geringeren Beeinträchtigung durch Restverschmutzungen) der Vorrang vor chemischen und chemothermischen Desinfektionsverfahren zugeben (Kat. IB) [2, 5, 8]. Desinfektionsmittel aus der Liste der DGHM sind für die manuelle Desinfektion von Medizinprodukten vorgesehen, jedoch nicht für die maschinelle Desinfektion. Die Wirksamkeit in Reinigungs-/Desinfektionsmaschinen ist deshalb durch Fachgutachten vom Hersteller unter den Bedingungen der maschinellen Aufbereitung zu belegen.
- Wie bei der Vorreinigung und Reinigung ist auch bei der Desinfektion durch die Verfahrensführung sicherzustellen, dass es nicht zu einer Fixierung von Rückständen/Proteinen (z. B. Blut, Sekreten, Geweberesten) am Medizinprodukt kommt, da diese die Reinigungs-, Desinfektions- und Sterilisationsleistung beeinträchtigt (Kat. IB) [2, 8, 9, 14]. Folgt eine Sterilisation, soll aus diesem Grund wann immer möglich auf eine vorausgehende Anwendung von Alkoholen oder Aldehyden zu gunsten einer thermischen Desinfektion verzichtet werden (Kat. IB) [9, 10].
- Eine effektive Reinigung und Desinfektion setzt die Beachtung der Gebrauchsanweisung, insbesondere der Einwirkzeit, voraus (Kat. IB) [2, 5, 7, 8, 12]. Dies ist bei der Organisation der Arbeitsabläufe zu berücksichtigen (Kat. IB; QM).

Spülung und Trocknung

- Die Bildung von Reaktionsprodukten und Rückständen verwendeter Reinigungs- und Desinfektionsmittel, insbesondere solcher, die Gesundheitsbeeinträchtigungen auslösen können (z. B. chemische Irritationen oder allergische Reaktionen), muss ausgeschlossen sein (Kat. IV). Reinigungs- und Desinfektionsmittellösungen müssen deshalb durch intensives Nachspülen sorgfältig entfernt werden (Kat. IB). Der Effekt dieses Schrittes ist von der Zeit, der Temperatur und dem verwendeten Wasservolumen abhängig.
- Für die Reinigung/Desinfektion ist, insbesondere zur Vermeidung von Rekontaminationen und Kristallbildungen, geeignetes Wasser zu verwenden, das mikrobiologisch mindestens Trinkwasserqualität hat. Hinsichtlich der nachträglichen Vermehrung von typischen Wasserbakterien (z. B. Pseudomo-

naden, Legionellen, atypische Mycobakterien) wird auf die Empfehlungen zur Aufbereitung flexibler Endoskope verwiesen. In jedem Fall erfordert die abschließende Spülung entmineralisiertes Wasser, um Kristallbildungen auf dem Medizinprodukt, welche z. B. den anschließenden Sterilisationsprozess stören können, zu vermeiden (Kat. IB) [2]. Bei bestimmten Medizinprodukten (insbesondere Medizinprodukte mit erhöhten oder besonders hohen Anforderungen an die Aufbereitung) kann aufgrund der Materialeigenschaften des Medizinproduktes oder wegen erforderlicher Partikelfreiheit bei langen und engen Lumina die Verwendung einer höheren Wasserqualität (z. B. Aqua purificata, Aqua ad iniectabilia) notwendig sein (Kat. IB).

- Die Nachspülung und Trocknung muss unter Bedingungen erfolgen, die eine Rekontamination der desinfizierten Medizinprodukte ausschließen. Die Verwendung von Druckluft zur Trocknung wird diesbezüglich aufgrund ihrer guten und raschen Wirkung empfohlen (Kat. IB).

- Eine sichere Sterilisation erfolgt nur bei sauberen Medizinprodukten [2, 8, 9, 10, 13, 14]. Es ist deshalb erforderlich, den Effekt der Reinigung zu überprüfen (Kat. IB). Befriedigende objektive Methoden stehen gegenwärtig noch nicht generell zur Verfügung. Nach der Reinigung/Desinfektion dürfen jedoch bei normaler oder auf normal korrigierter Sehkraft an allen Teilen des Medizinproduktes keine Verschmutzungen (z. B. Verkrustungen, Beläge) erkennbar sein (Kat. IB, QM). Gegebenenfalls (z. B. bei kritischen Medizinprodukten mit besonders hohen Anforderungen an die Aufbereitung = „Kritisch C") erfordert die Beurteilung der Reinigungsleistung den Einsatz von optischen Vergrößerungshilfen oder geeigneter anderer Methoden (z. B. chemische oder physikalische). Ist der Erfolg der Reinigung nicht durch Inspektion beurteilbar (z. B. aufgrund langer, enger Lumina, Hohlräume, wie z. B. bei MIC-Instrumenten; Medizinprodukte „Kritisch B und C"), muss die Reinigung verfahrenstechnisch sichergestellt (z. B. durch validierte, maschinelle Reinigungsverfahren) und gegebenenfalls parametrisch überwacht werden (s. Tabelle 1; Kat. IB; IV; QM).

2.2.2 Prüfung der technisch-funktionellen Sicherheit

Die Gewährleistung der technisch-funktionellen Sicherheit eines aufbereiteten Medizinproduktes obliegt dem Betreiber. Einfache, sicherheitsrelevante Funktionsprüfungen sind auch unmittelbar vor Anwendung vom Anwender durchzuführen (Kat. IV). Insbesondere bei der Durchführung von Pflege- und Instandsetzungsmaßnahmen sind auch nach Abschluss von Reinigung/Desinfektion, Spülung und Trocknung, aber vor der Sterilisation, technisch-funktionelle Prüfungen durchzuführen (Kat. IV). Umfang und Art der Prüfungen sind vom Medizinprodukt abhängig und sollen in der Standardarbeitsanweisung definiert sein (Kat. IB; QM). Dabei darf es nicht zu Kontaminationen mit gesundheitsschädlichen Substanzen (z. B. toxischen Pflegemitteln) oder Partikeln (z. B. Talkum) kommen, die die folgenden Schritte der Aufbereitung überdauern (Kat. IV). Darüber hinaus dürfen die eingesetzten Pflegemittel (z. B. medizinische Weissöle gemäß DAB) den Erfolg der Sterilisation nicht beeinträchtigen [2]. Hierzu sind gegebenenfalls Angaben des Herstellers der Pflegemittel einzuholen.

Anforderungen an die Hygiene bei der Aufbereitung von Medizinprodukten

Einflüsse des Aufbereitungsverfahrens auf die Materialeigenschaften sowie die technisch-funktionelle Sicherheit sind in der Regel produktspezifisch und müssen daher im Einzelfall geprüft, vom Hersteller in der Gebrauchsanweisung, gegebenenfalls unter Angabe nach Aufbereitung durchzuführender Prüfungen oder Kontrollen, angegeben und vom Betreiber in der Standardarbeitsanweisung (z. B. durch Angabe der zu erreichenden Zielgrößen) zur Aufbereitung berücksichtigt werden (s. auch 1.2.2 und 1.3) (Kat. IV; QM).

Auch die Pflege und Instandsetzung erfolgen unter Berücksichtigung der entsprechenden Angaben des Herstellers (Kat. IV).

Die Prüfungen auf Sauberkeit, Unversehrtheit und definierte technisch-funktionelle Eigenschaften haben zum Ziel, Medizinprodukte, bei denen erkennbare Rückstände auch durch erneute Reinigung nicht entfernt oder bei denen technisch-funktionelle Mängel nicht beseitigt werden können, auszusondern (QM).

2.2.3 Verpackung

Die Verpackung besteht in der Regel aus mechanischer Schutzverpackung, Sterilverpackung und gegebenenfalls einer Umverpackung (Lager- und Transportverpackung) und muss

- auf das zur Anwendung kommende Sterilisationsverfahren (z. B. Ermöglichung der Sterilisation) (s. Ziffer 2.2.4),
- auf die Eigenschaften des desinfizierten oder zu sterilisierenden Medizinproduktes, die Erhaltung seiner Funktionsfähigkeit (z. B. mechanischer Schutz empfindlicher Teile) sowie
- auf die vorgesehene Lagerung und den Transport (Berücksichtigung mechanischer Belastungen)

abgestimmt sein.

Die Sterilverpackung muss die Sterilisation ermöglichen und die Sterilität bei entsprechender Lagerung bis zur Anwendung gewährleisten; gegebenenfalls ist eine Sterilgutlagerfrist anzugeben (s. hierzu auch die Angaben des Herstellers der Sterilgutverpackung). Eine Rekontamination des Medizinproduktes nach seiner Aufbereitung muss bis zur Anwendung ausgeschlossen sein (s. auch Anhang Normen).

2.2.4 Sterilisation

Voraussetzung für eine sichere Sterilisation ist die sorgfältige Reinigung der Medizinprodukte (Kat. IB) [2, 5, 9, 13]. Zur Sterilisation muss ein hinsichtlich seiner Eignung für das Medizinprodukt geprüftes, wirksames und validiertes Verfahren angewendet werden (s. auch Ziffer 1.3) (Kat. IV). Für den Erfolg der Sterilisation sind auch die Art des Sterilgutes, die Verpackung und die Beladungskonfiguration von Bedeutung (Kat. IB) [18].

Der Anwendung von thermischen Sterilisationsverfahren mit Sattdampf (bei 121 °C oder 134 °C) ist aufgrund ihrer zuverlässigeren Wirksamkeit der Vorzug zu geben (Kat. IB) [2, 3, 5]. Es ist darauf zu achten, dass das Sterilisiermittel Zugang zu allen äußeren und inneren Oberflächen hat (z. B. durch sorgfältige Reinigung aller Lumina, öffnen von Ventilen oder Hähnen). Diese Anforderungen sollen bereits bei der Anschaffung von Medizinprodukten berücksichtigt werden (Kat. IB; QM).

Hinsichtlich der Durchführung und Überwachung der Sterilisation wird auf die entsprechenden Normen (s. Anhang) verwiesen.

Insbesondere vor der Anwendung nicht thermischer Verfahren und bei Medizinprodukten der Einstufung „Kritisch C", sind die Leistungsgrenzen der angewendeten Verfahren zu definieren, zu dokumentieren und unter Berücksichtigung der vorausgehenden Anwendung des Medizinproduktes zu bewerten (Kat. IB; QM, s. auch Tabelle 1).

Darüber hinaus sind gegebenenfalls (wie z. B. bei der Ethylenoxid- oder Formaldehydsterilisation) zusätzlich Anforderungen der Gefahrstoffverordnung und entsprechende Normen zu beachten (Kat. IV).

2.2.5 Kennzeichnung

Aufbereiteten Medizinprodukten sind Informationen beizugeben, die unter Berücksichtigung des Ausbildungs- und Kenntnisstandes des vorgesehenen Anwenderkreises und der Komplexität des Medizinproduktes eine sichere Anwendung möglich machen (Kat. IV).

Auf der Verpackung des Medizinproduktes, gegebenenfalls auf dem Medizinprodukt selbst, müssen daher für den Anwender erkennbar angebracht sein:

- Bezeichnung des Medizinproduktes, die eine nutzungsrelevante Identifizierung erlaubt (z. B. Modell, Größe), sofern nicht unmittelbar ersichtlich.

Angaben zur Unterscheidung zwischen freigegebenen und nicht freigegebenen Medizinprodukten und solchen, die den Gesamtprozess oder Teile davon nicht oder nicht vollständig durchlaufen haben wie

- die Freigabeentscheidung und gegebenenfalls Prozessindikatoren

sowie Angaben, die die Entscheidung über zeitabhängige Aspekte der gefahrlosen Anwendung des Medizinproduktes erlauben, wie z. B.

- Zeitpunkt und Art des verwendeten Sterilisationsverfahrens (Chargenkennzeichnung der erfolgten Sterilisation, Sterilisierdatum),
- gegebenenfalls Verfallsdatum im Sinne des vom Hersteller angegebenen Datums, bis zu dem eine gefahrlose Anwendung nachweislich möglich ist,
- die Sterilgutlagerfrist, sofern diese kürzer ist als das Verfallsdatum.

Gegebenenfalls (z. B. bei Medizinprodukten der Gruppe „Kritisch C")

- Hinweise zur technisch-funktionellen Prüfung und Sicherheit, Sicherheits- und Warnhinweise sowie andere, ausschließlich auf der Originalverpackung vorhandene, für die sichere Anwendung und Rückverfolgbarkeit relevante Informationen,
- Name des Herstellers und gegebenenfalls Chargen- oder Seriennummer

und bei Aufbereitung durch Dritte
- Name und Anschrift des Unternehmens.

Ist die Anzahl der möglichen Aufbereitungen bei einem Medizinprodukt vom Hersteller festgelegt, müssen zusätzlich, insbesondere bei Medizinprodukten der Gruppe „Kritisch C" die Anzahl und Art der durchgeführten Aufbereitungen erkennbar sein (QM). Dies ist nicht erforderlich bei Medizinprodukten zur bestimmungsgemäßen Mehrfachanwendung, für die der Hersteller keine maximale Anzahl von Aufbereitungen angegeben hat. Entsprechende Kennzeichnungen sind auch unmittelbar am Medizinprodukt unter Einsatz der elektronischen Datenverarbeitung möglich, wenn sichergestellt ist, dass die Anzahl und Art der am jeweiligen Medizinprodukt durchgeführten Aufbereitungen für die Entscheidung über eine erneute Aufbereitung erkennbar ist. Eine Freigabe solcher Medizinprodukte darf nur erfolgen, wenn die entsprechenden produktspezifischen Anforderungen erfüllt wurden (Kat. IV).

Hinsichtlich der Verwendung von Symbolen bei der Kennzeichnung wird auf die Normen im Anhang verwiesen.

Bei der Festlegung des Verfallsdatums im Sinne des Datums, bis zu dem eine gefahrlose Anwendung nachweislich möglich ist, sind die möglichen Materialveränderungen (auch gegebenenfalls durch den oder die Aufbereitungsprozesse), bei der Festlegung der Sterügutlagerfrist auch die Art der Verpackung, zu berücksichtigen.

Auch bei Medizinprodukten, bei denen die Aufbereitung mit einer Desinfektion endet, muss die erfolgte Durchführung des Prozesses für den Anwender erkennbar sein (QM).

2.2.6 Freigabe zur Anwendung

Die Aufbereitung von Medizinprodukten endet mit der Freigabe zur Anwendung. Diese erfolgt auf der Basis der Übereinstimmung der bei der Aufbereitung jeweils ermittelten Prozessparameter mit denen der Validierungsprotokolle und schließt

- die Durchführung und Dokumentation der täglichen Routineprüfungen,
- die Überprüfung und Dokumentation des vollständigen und korrekten Prozessverlaufes (chargenbezogene Routineprüfungen und Chargendokumentation),
- die Überprüfung der Verpackung auf Unversehrtheit und Trockenheit und
- die Überprüfung der Kennzeichnung (S. 2.2.5)

ein (QM).

Aus Gründen des Qualitätsmanagements sind die zur Freigabe berechtigten Personen schriftlich zu benennen (QM).

Die Standardarbeitsanweisung muss
- die Form der Dokumentation der Freigabeentscheidung und

- das Vorgehen bei Abweichungen vom korrekten Prozessablauf

enthalten (QM).

Auf eine sichere Desorption von Schadstoffen aus dem Aufbereitungsprozess (z. B. Einhaltung von Desorptionszeiten) ist zu achten (s. Anhang Normen) (Kat. IV). Erst anschließend erfolgt die Freigabe zur Anwendung.

2.2.7 Dokumentation

Die im Rahmen der Aufbereitung erfassten Messwerte der Prozessparameter und die Freigabeentscheidung sind mit Bezug auf die freigebende Person und die Charge zu dokumentieren. Sie müssen belegen, dass der angewendete Aufbereitungsprozess gemäß den Standardarbeitsanweisungen unter Einhaltung der im Validierungsprotokoll niedergelegten Parameter erfolgt ist (QM).

Aufzeichnungen über die Einzelschritte der Aufbereitung von Medizinprodukten sind in Anlehnung an § 9 AbS. 2 MPBetreibV aufzubewahren. Sonstige Rechtsvorschriften zu Aufbewahrungsfristen (z. B. Patientendokumentation) bleiben hiervon unberührt. Dabei darf weder der ursprüngliche Inhalt einer Eintragung unkenntlich gemacht werden, noch dürfen Änderungen vorgenommen werden, die nicht erkennen lassen, ob sie während oder nach der ursprünglichen Eintragung vorgenommen worden sind. Die Aufzeichnungen können auch auf Bild- oder Datenträgern aufbewahrt werden. Es muss sichergestellt sein, dass sie während der Aufbewahrungsfrist verfügbar und leserlich sind. Die Aufzeichnungen und Nachweise sind den zuständigen Behörden auf Verlangen vorzulegen (Kat. IV).

3 Transport und Lagerung

Transport und Lagerung dürfen die Eigenschaften des aufbereiteten Medizinproduktes nicht nachteilig beeinflussen. Bei der Lagerung von aufbereiteten Medizinprodukten sind die Angaben des Herstellers des Medizinproduktes und des Herstellers des Verpackungsmaterials zu berücksichtigen (Kat. IV). In der Regel sind aufbereitete Medizinprodukte in einer mechanischen Schutz gewährleistenden Verpackung staubgeschützt, in einem trockenen (z. B. durch Gewährleistung eines ausreichenden Fußboden- und Wandabstandes), dunklen und kühlen Raum, frei von Ungeziefer, zu lagern (Kat. IB s. a. 2.2.3).

Anhang

A. Gesetze, Verordnungen, Richtlinien

- Richtlinie 90/385/EWG des Rates vom 20. Juni 1990 über implantierbare medizinische Geräte,
- Richtlinie 93/42/EWG des Rates vom 14. 6. 1993 über Medizinprodukte,
- Gesetz über Medizinprodukte (Medizinproduktegesetz/MPG),
- Verordnung über Medizinprodukte (MPV),

- Verordnung über das Errichten, Betreiben und Anwenden von Medizinprodukten (Medizinprodukte-Betreiberverordnung, MPBetreibV),
- spezielle Akkreditierungsregeln der ZLG für Zertifizierungsstellen für Qualitätssicherungssysteme – Geltungsbereich sterile Medizinprodukte (II-A-3.1).

Arbeits- und Umweltschutz
- Biostoffverordnung,
- Chemikaliengesetz,
- Gefahrstoffverordnung,
- Abfallgesetz,
- BGV C8/VBG 103,
- TRGS (102, 150, 300, 440, 513, 525, 531, 555; 900, 905),
- UVV (VBG 100/GUV 0.6; 103; 109/GUV 0.3).

Ausbildung des Personals:

z. B.
- Ausbildungsrichtlinien des Senats der Freien und Hansestadt Hamburg,
- Ausbildungsrichtlinien der Deutschen Gesellschaft für Sterilgutversorgung e. V. (DGSV)

B. Normen

Bei Befolgung der Angaben der aufgeführten Normen kann von der Erfüllung der „anerkannten Regeln der Technik" ausgegangen werden. Diese Zusammenstellung umfasst die unter dem Aspekt der Hygiene zu beachtenden Normen, aus denen entsprechend der geplanten Aufbereitungsaufgabe die zutreffenden auszuwählen sind. Für Prüfungen, die zur Gewährleistung der technisch-funktionellen Sicherheit dienen, sind ggf. weitere Normen zu beachten.

Normen

Norm	Titel	Abschnitte der Anlage
DIN EN 285	Sterilisation – Dampf-Sterilisatoren – Groß-Sterilisatoren (gilt bis einschließlich der Prüfung nach Aufstellung)	1.3, 1.4, 2.2.4
DIN EN 550	Sterilisation von Medizinprodukten – Validierung und Routineüberwachung für die Sterilisation mit Ethylenoxid	1.3, 2.2.4
DIN EN 552	Sterilisation von Medizinprodukten – Validierung und Routineüberwachung für die Sterilisation mit Strahlen	1.3, 2.2.4
DIN EN 554	Sterilisation von Medizinprodukten – Validierung und Routineüberwachung für die Sterilisation mit feuchter Hitze	1.3, 2.2.4
DIN EN 556-1	Sterilisation von Medizinprodukten – Anforderungen für in der Endverpackung zu sterilisierende Medizinprodukte, die als „steril" gekennzeichnet werden – Teil 1: Anforderungen an Medizinprodukte, die in der Endverpackung sterilisiert wurden	1.3, 1.4, 2.2.4

Anhang V/5

Norm	Titel	Abschnitte der Anlage
DIN EN 866	Biologische Systeme für die Prüfung von Sterilisatoren und Sterilisationsverfahren *(Bioindikatoren)*	1.3, 1.4, 2.2.4
DIN EN 867	Nichtbiologische Systeme für den Gebrauch in Sterilisatoren *(chemische Indikatoren)*	1.3, 1.4, 2.2.4, 2.2.5
DIN EN 868	Verpackungsmaterialien und -systeme für zu sterilisierende Medizinprodukte	1.3, 1.4, 2.2.3
DIN EN 980	Graphische Symbole zur Kennzeichnung von Medizinprodukten	2.2.5
DIN EN 1174	Sterilisation von Medizinprodukten – Schätzung der Population von Mikroorganismen auf einem Produkt	1.2
DIN EN 1422	Sterilisatoren für medizinische Zwecke – Ethylenoxid-Sterilisatoren – Anforderungen und Prüfverfahren	1.3, 1.4, 2.2.4
DIN EN 1441 bzw. DIN EN ISO 14971	Medizinprodukte – Risikoanalyse bzw. Medizinprodukte – Anwendung des Risikomanagements auf Medizinprodukte	1.2, 1.3, 2.2.2
DIN EN ISO 10 993	Biologische Beurteilung von Medizinprodukten	1.3, 1.4, 2.2.4, 2.2.7
DIN EN ISO 13 485 (DIN EN 46 001)	Qualitätssicherungssysteme – Medizinprodukte Besondere Anforderungen für die Anwendung von EN ISO 9001 *(Zertifizierung)*	1.3, 2.2.2
DIN EN ISO 13 488 (DIN EN 46 002)	Qualitätssicherungssysteme – Medizinprodukte Besondere Anforderungen für die Anwendung von EN ISO 9002 *(Zertifizierung)*	1.3, 2.2.2
DIN EN ISO 14 161	Sterilisation von Produkten für die Gesundheitsfürsorge – Biologische Indikatoren – Leitfaden für die Auswahl, Verwendung und Interpretation von Ergebnissen	1.3, 1.4, 2.2.4
DIN EN ISO 14 937	Sterilisation von Produkten für die Gesundheitsfürsorge – Allgemeine Anforderungen an die Charakterisierung eines Sterilisiermittels und an die Entwicklung, Validierung und Routineüberwachung eines Sterilisationsverfahrens *(gilt auch für bisher nicht genormte Verfahren)*	1.3, 1.4, 2.2.4
DIN EN ISO 14 971	Medizinprodukte – Anwendung des Risikomanagements auf Medizinprodukte	1.2, 1.3, 2.2.2
DIN 58 946-6	Sterilisation – Dampf-Sterilisatoren – Teil 6: Betrieb von Großsterilisatoren im Gesundheitswesen	1.3, 1.4, 2.2.4
DIN 58 947	Sterilisation – Heißluft-Sterilisatoren	1.3, 1.4, 2.2.4
DIN 58 948-6	Sterilisation – Gas-Sterilisatoren – Teil 6: Betrieb von Ethylenoxid-Gas-Sterilisatoren	1.3, 1.4, 2.2.4
DIN 58 948-16	Sterilisation – Niedertemperatur-Sterilisatoren – Teil 16: Betrieb von Niedertemperatur-Dampf-Formaldehyd-Sterilisatoren	1.3, 1.4, 2.2.4
DIN 58 949	Desinfektion – Dampf-Desinfektionsapparate	1.3, 1.4, 2.2.1
DIN 58 952-2, 3	Sterilisation – Packmittel für Sterilisiergut	1.3, 1.4, 2.2.3, 2.2.4
DIN 58 953	Sterilisation – Sterilgutversorgung *(Verpackungsarten, Anwendungstechniken)*	2.2.3

Die Spalte „Abschnitte der Anlage" stellt einen Bezug zwischen grundlegenden Normen und den jeweiligen Abschnitten der Empfehlung her. Die für die Praxis besonders bedeutsamen Normen wurden grau unterlegt. Dieser Teil des Anhanges wird regelmäßig aktualisiert und im Bundesgesundheitsblatt veröffentlicht (s. auch DIN Taschenbuch 169 und 263).

Acknowledgements Die Empfehlung wurde im Auftrag der Kommission für Krankenhaushygiene und Infektionsprävention am Robert Koch-Institut bearbeitet von: M. Mielke, Leiter der Arbeitsgruppe (RKI), J. Attenberger (Hannover), P. Heeg (Tübingen), G. Ininger (Bonn), H. J. Jacker (Bonn), B. Jansen (Mainz), U. Jürs, (Hamburg), H. Martiny (Berlin), S. Niklas (Darmstadt), W. Reischl (Bonn), M. Scherrer (Freiburg), G. Siegemund (Bonn), vom RKI: U. Bochers, I. Schwebke, G. Unger.

Normungsvorhaben

Normungsvorhaben	Titel	Abschnitte der Anlage
DIN EN 13 060	Dampf-Klein-Sterilisatoren	1.3, 1.4, 2.2.4
PrEN 13 795-1	Operationsabdecktücher, -mäntel und Reinluftkleidung zur Verwendung als Medizinprodukte, für Patienten, Klinikpersonal und Geräte – Teil 1: Allgemeine Anforderungen für Hersteller, Wiederaufbereiter und Produkte	
DIN EN ISO 15 882	Sterilisation von Produkten für die Gesundheitsfürsorge – Chemische Indikatoren – Leitfaden für die Auswahl, Verwendung und Interpretation von Ergebnissen	1.3, 1.4, 2.2.4
DIN EN 15 883	Reinigungs-/Desinfektionsgeräte *(Vatidierung und Betrieb)*	1.3, 1.4, 2.2.1
DIN EN 14 180	Sterilisatoren für medizinische Zwecke – Niedertemperatur-Dampf-Formaldehyd-Sterilisatoren – Anforderungen und Prüfung *(gilt bis einschließlich der Prüfung nach Aufstellung)*	1.3, 1.4, 2.2.4
DIN EN ISO 17 664	**Sterilisation von Medizinprodukten – vom Hersteller zur Verfügung zu stellende Informationen zur Wiederaufbereitung von resterilisierbaren Medizinprodukten – Anforderungen**	1.2.2, 2.2.5

Literatur

1. Bodenschatz W (2001) Desinfektion, Sterilisation, Reinigung, Schädlingsbekämpfung, Rechtsvorschriften und Materialien. Behrs, Loseblattsammlung Mai 2001
2. Block SS (ed.) (2001) Disinfection, sterilization and preservation, 5th edn. Lippincott Williams & Wilkins, Philadelphia Baltimore New York London Buenos Aires Hong Kong Sydney Tokyo
3. Rutala WA (ed.) (1998) Disinfection, sterilization and antisepsis in health care. Association for Professionals in Infection Control and Epidemiology, Inc. Washington, D.C. USA and Polysience Publications, Inc. Champlain, NX USA
4. Zaidi M, Wenzel RP (2000) Disinfection, sterilization and control of hospital waste. In: Mandell GL, Bennett JE, Dolin R (eds) Principles and practice of infectious diseases. Churchill Livingstone, Philadelphia London Toronto Montreal SydneyTokyo Edinburgh
5. Wallhäußer KH (1995) Praxis der Sterilisation, Desinfektion – Konservierung, 5. Aufl. Georg Thieme, Stuttgart New York

6. Instrumenten-Aufbereitung richtig gemacht, 7. Ausgabe, Arbeitskreis Instrumenten-Aufbereitung (im Mittelpunkt steht die Werterhaltung der Instrumente durch entsprechende Handhabung und Pflege)
7. Rutala WA (1996) APIC (Association for Professionals in Infection Control and Epidemiology, Inc.) guideline for selection and use of disinfectants Am J Infect Control 24: 313–342
8. Rutala WA (1996) Selection and use of desinfectants in health care. In: Mayhall G (ed) Hospital epidemiology and infection control. Williams & Wilkins, Baltimore, pp 913–936
9. Rutala WA, Weber DJ (2001) Creutzfeldt-Jacob disease: recommendations for disinfection and sterilization. Clin Inf Dis 32: 1348–1356
10. Hörnlimann B, Riesner D, Kretzschmar H (2001) Prionen und Prionkrankheiten. Walter de Gruyter, Berlin, New York
11. Coulter WA, Chew-Graham CA, Cheubg SW, Burke FJT (2001) Autoclave performance and operator knowledge of autoclave use in primary care: a survey of UK practices. J Hosp Inf 48: 180–185
12. Höller C, Krüger S, Martiny H, Zschaler R (2001) Überprüfung von Reinigungs- und Desinfektionsgeräten im praktischen Betrieb. Behrs, Loseblattsammlung Mai 2001
13. Chaufour X, Deva AK, Vickery K, Zou J, Kumaradeva P, White GH, Cossart YE (1999) Evaluation of disinfection and sterilization of reusable angioscopes with the duck hepatitis B model. J Vasc Surg 30: 277–282
14. Roth K, Heeg P, Reichl R, Cogdill P, Bond W (1999) Qualitätssicherung bei der Aufbereitung von Zubehör für flexible Endoskope – Wie sauber sind gereinigte Instrumente wirklich? Zentr Steril 7: 84–96
15. Beck A (2001) Potential reuse? A study of the private and professional reprocesing of catheters, guidewires, and angioscopes. Schnetztor GmbH, Konstanz
16. Frister H, Michels W (1994) Vergleichende Bewertung und Optimierung der Reinigungsleistung maschineller Dekontaminationsverfahren. Hyg Med 19: 673–688
17. Miller CH, Riggen SD, Sheldrake MA, Neeb JM (1993) Presence of microorganisms in used ultrasonic cleaning solutions. Am J Dent 6: 27–31
18. Empfehlung der DGKH (1998) Empfehlungen für die Validierung und Routineüberwachung von Sterlilisationsprozessen mit feuchter Hitze für Medizinprodukte. Zentr Steril 6: 30–46

Links

FDA Guidance on enforcement priorities for single-use devices reprocessed by third parties and hospitals (http://www.fda.gov/cdrh/comp/guidance/1168.pdf.) (www.fda.gov/cdrh/reuse).

Device Bulletins and Hazard and Safety Notices der Medical Devices Agency; Executive Agency of the Department of Health, UK. www.medical-devices.gov.uk

Stichwortverzeichnis

Abgrenzung von den Arzneimitteln 27
Abgrenzungsprobleme 41
Akkreditierungsstelle 53
Aktive implantierbare medizinische Geräte 5
Allgemeine Versicherungsbedingungen für klinische Prüfungen von Medizinprodukten 71
Angaben 59
Anwenden 88
Anwender, professionell 63
Anwenderbegriff 39
Anwendung entgegen der Zweckbestimmung des Herstellers 65
Anwendung für den Menschen 24
Anzeigepflicht, allgemein 94
Arzneimittelgesetz 8, 16
Arzneimittelkomponente 30
Arzneimittelwirkung 29
Aufbereitung 42
Auflagen- und Maßnahmebefugnisse 98
Aufmachung 59
Aufsichtsmaßnahmen 112
Auskünfte 97
Auszeichnung 32
Begriff des Medizinproduktes 26
Begriffsbestimmung 26
Benannte Stellen 53
besondere Regelungen erforderlich 82
besondere Voraussetzungen 74
Bestandsverzeichnis 102
Bestrahlungseinrichtungen 20
Betreiben 88

Betreiber 39
Betreiber, allgemeine Anforderungen 89
Betreiber, allgemeine Pflichten 93
Betreiber, professionelle 39
Betreiber, weitergehende Pflichten 96
Betreiberverordnung 8, 15, 86
Bewertung, klinisch 51
Bezeichnung, irreführend 59
Bundesinstitut für Arzneimittel und Medizinprodukte 116
CE-Kennzeichnung 4, 41, 43, 56
Chemikaliengesetz 17
Dauer der Anwendung
– kurzzeitig 48
– langzeitig 48
– vorübergehend 48
Deutsche Institut für medizinische Dokumentation und Information 94
Deutschland (Geltungsbereich MPG) 42
DIMDI-Verordnung 8, 107, 109
Durchführung der Überwachung 96
Einweisung 98
Empfehlung des Robert-Koch-Instituts 42
Errichten 88
Ethikkommission 79
EWR-Vertragsstaaten 43
Fertigspritze, gefüllt 25
freier Warenverkehr 43
Funktionsprüfung 98
Gebrauchsanweisung 97, 98, 99, 104, 105

137

Stichwortverzeichnis

Gefahren für Leib und Leben 60
Gefahrstoffverordnung 18
Geltungsbereich 3
Geltungsbereich des MPG 3
Gemeinsame Technische Spezifikationen 12
Gerätesicherheitsgesetz 8, 19
Gesundheit 60
Haftpflichtversicherung 70
Hersteller 38
Implantate, energetisch betrieben 14
Instandhaltung 95
In-vitro-Diagnostika 3, 7, 11, 22, 36, 82, 83
integrierte Sicherheit 11
Inverkehrbringen 37
– erstmalig 41
IVD-Richtlinien 3
klinische Prüfung 11, 67, 74
Klinische Prüfung an
– Minderjährigen 75
– Personen, die an einer Krankheit leiden, zu deren Behebung das zu prüfende Produkt angewendet werden soll 77
– Schwangeren oder Stillenden 76
Konformitätsbewertungsverfahren 44
– förmlich 50
Konformitätsvermutung 11
Kontrollen
– messtechnische 99
– sicherheitstechnische 97
Krankenversicherungsrecht 23
Laien, medizinisch 39
Lebensmittel- und Bedarfsgegenständegesetz 8
Leistungsbewertungsprüfung 83
Medikamentenpumpe 25
Medizingeräteverordnung 8, 14
Medizinische Produkte 6
Medizinische-technische Geräte zur In-vitro-Diagnostik 15
Medizinprodukte
– aktiv 97

– der Anlage 1 97
– der Anlage 2 99
– Einrichtung eines Beraters 104
– mit Messfunktion 99
– nicht aktiv 87
– Sicherheitsbeauftragter 102
– – Aufgabe 103
Medizinprodukte, aktiv implantierbar 100
Medizinprodukte, gebraucht 41
Medizinprodukte, Kostenübernahme 23
Medizinprodukte-Beobachtungs- und Meldesystem 100
Medizinprodukte-Verordnung 8, 46, 107
Medizinprodukteberater, Aufgabe 106
Medizinproduktebuch 101
Medizinproduktegesetz 1
Medizinprodukte, aktiv 35
Medizinprodukte, Errichten und Betreiben 11
Meßgeräte, medizinisch 90
Module 12
– 8 verschiedene 52
Nebenordnungswidrigkeitenrecht 109
Nebenstrafrecht 109
Normadressat 61
Normen, harmonisierte 99
Ordnungswidrigkeitengesetz, allgemeine Vorschriften 111
Patienteninformation 100
Paul-Ehrlich-Institut 116
Positionspapier 31
Produktionsentwurf 12
Produktionsstufe 12
Produktklassifizierung, Hauptkriterien 47
Produktzuordnung
– Klasse I 46
– Klasse II 46
– Klasse IIa 46
– Klasse IIb 46
– Klasse III 46
Prüfplan 70

Stichwortverzeichnis

Qualitätssicherungssysteme 11
Qualitätsstandards, Erfüllung national 23
Regeln der Technik, anerkannte 89, 97
Registrierung 81
Repräsentanten 111
Risikoklassen 44
Röntgenverordnung 8, 21
Sachlicher Geltungsbereich
– Anwenden von Medizinprodukten 25
– Ausstellen 25
– Betreiben 25
– Errichten 25
– Herstellen 25
– Inbetriebnahme 25
– Inverkehrbringen 25
Schutz von Patienten, Anwendern und Dritten 4
Schutzausrüstungen, persönlich 32
Sicherheitsplanverordnung 8, 107, 116
Sicherheitsprüfungen 70
Sondervorschriften 106
Stand der Technik 99
Straf- und Bußgeldvorschriften 62, 109
Straftaten oder Orndungswidrigkeiten 72
Strahlenschutzverordnung 8, 20
tätigkeitsbezogener Geltungsbereich 37
Umsetzung von EU-Richtlinien 2

Unfallverhütung Erste Hilfe (VBG 109) 64
Unfallversicherungsvorschrift Gesundheitsdienst 84
Übergangsbestimmung 9
Validierte Verfahren 42, 95
Verbote, grundsätzlich 58
Verfalldatum 58, 62
Verhältnis des Medizinproduktegesetzes zu anderen gesetzlichen Vorschriften 13
Verordnungen 8, 107
Verordnung über die Verschreibungspflicht 8, 107
Versorgung, ordnungsgemäß 4
Vertreter, gesetzlich 111
Vertriebswege-Verordnung 8, 107
Voraussetzungen für die klinische Prüfung 68
Vorgang des Inverkehrbringens 42
Vorkommnis 92
Vorschriften für
– Betreiben 83
– Errichten 83
Werbung auf dem Gebiet des Heilwesens, Gesetz 22
Zertifizierungsstellen 53
Zubehör 25, 34
zum Ziel 93
Zuständigkeit der Landesbehörden 110
Zweckbestimmung 32, 49
– medizinisch 24

Autoren

Dr. jur. Stephan **Brandenburg**, Mitglied der Geschäftsführung bei der Berufsgenossenschaft für Gesundheitsdienst und Wohlfahrtspflege, Hauptverwaltung Homburg.

Sandra **Kollecker**, Assessorin bei der Berufsgenossenschaft für Gesundheitsdienst und Wohlfahrtspflege, Hauptverwaltung Homburg.

Caroline **Rütenik**, Assessorin bei der Berufsgenossenschaft für Gesundheitsdienst und Wohlfahrtspflege, Hauptverwaltung Homburg.

Management Handbuch Krankenhaus

Herausgegeben von Prof. Dr. Hellmuth Fischer, Unternehmensberater, Dr. Ernst-Peter Gerhardt, Stv. Geschäftsführer Verein für Bgl. Heilbehandlung, Andreas Greulich, Geschäftsführer des Schweizer Herz- und Gefäßzentrums Bern, Dr. Thilo Räpple, Rechtsanwalt, Elvira Schneider, Pflegedirektorin, Prof. Günter Thiele, Hochschullehrer, Prof. Dr. Hans Ulrich Ulmer, Klinikdirektor, Dr. Udo Degener-Hencke, Bundesministerium für Gesundheit (Rechtsvorschriftensammlung)

Loseblattwerk in 4 Ordnern.
6.256 Seiten. € 178,– zzgl. Ergänzungslieferungen.
ISBN 3-7685-3531-2

Namhafte Autoren behandeln u. a.:

- Disease Management
- Balanced Scorecard
- Beschwerdemanagement
- DRGs
- Integrierte Versorgung
- Krankenversicherung
- OP-Management
- Prozessgestaltung
- Qualitätsmanagement
- Verzahnung ambulanter und stationärer Bereich
- Zuwendungen und Rabatte im Gesundheitswesen

Das Krankenhaus versteht sich zunehmend als soziales Dienstleistungs- und Wirtschaftsunternehmen. Unternehmerisches Denken wird mehr denn je gefordert, die soziale Komponente darf jedoch nicht auf der Strecke bleiben.

Das Management Handbuch Krankenhaus bietet Ihnen:

- zuverlässige Informationen
- praxisnahe Lösungen
- schnelle Hilfe für die Führung eines Krankenhauses

Der lexikalische Aufbau, hervorgehobene Schlagwörter und Randziffern erleichtern den Zugang zu den gewünschten Informationen. Eine Sammlung der wichtigsten Rechtsvorschriften rundet das Informationsangebot ab. Die Loseblattform des Werkes gewährleistet ständige Aktualität des Handbuchs.

Hüthig GmbH & Co. KG
Im Weiher 10, 69121 Heidelberg
Bestell-Tel. 06221/489-555, Fax 06221/489-450

www.economica-verlag.de

Nutzen Sie Ihre Möglichkeiten

Kreyher
Handbuch Gesundheits- und Medizinmarketing

Das Handbuch vermittelt Ihnen die Möglichkeiten des Marketing und zeigt Chancen, Strategien und Erfolgsfaktoren für **Pharma- und Medizinprodukte-Industrie, Kliniken und Arztpraxen, Krankenkassen und Versicherungen**.

Aktuelle Themen werden von Autoren aus der Praxis, Ärzten, Führungskräften und Beratern, sowie von Autoren aus Hochschule und Forschung eingehend diskutiert:
- **Qualitäts- und Kundenorientierung**
- **Innovations- und Relationship-Marketing**
- **Patienten-Empowerment und E-Health**
- **Integrierte Versorgung und Netzmanagement**
- **Managed Care und Disease Management**

Herausgegeben von Volker J. Kreyher. Unter Mitarbeit zahlreicher Autoren. 2001. X, 666 Seiten. Gebunden. € 95,–
ISBN 3-7685-9792-X

R.v. Decker's Verlag
Hüthig GmbH & Co. KG
Im Weiher 10
69121 Heidelberg
Bestell-Tel. 06221/489-555
Fax 06221/489-450

„Ein sehr empfehlenswertes Werk, das Licht in ein schwieriges und unübersichtliches Rechtsgebiet bringt."

RA Schmidbauer zur Vorauflage in Der Kassenarzt 18/2000

Ulsenheimer
Arztstrafrecht in der Praxis

Von Prof. Dr. Dr. Klaus Ulsenheimer, Rechtsanwalt.
3., neu bearbeitete und erweiterte Auflage. 2003. Ca. 580 Seiten. Gebunden. Ca. € 50,–
ISBN 3-8114-0841-0
(Praxis der Strafverteidigung)
Neu im August 2003

Das Buch von Ulsenheimer stellt alle bedeutsamen Aspekte des Arztstrafrechts umfassend dar und gibt wichtige praktische Hinweise zur Verteidigung des Arztes.

NEU in der 3. Auflage:
- Abrechnungsbetrug
- Industriesponsoring/Vorteilsannahme/Bestechlichkeit

C.F.Müller Verlag
Hüthig GmbH & Co. KG
Im Weiher 10
69121 Heidelberg
Bestell-Tel. 06221/489-555
Fax 06221/489-450

Themen aus dem Inhalt:
- Fahrlässige Tötung und fahrlässige Körperverletzung durch Behandlungsfehler
- Aufklärungsfehler oder Organisationsfehler
- Sterbehilfe und Patientenverfügung
- Unterlassene Hilfeleistung
- Ärztliche Schweigepflicht
- Organtransplantation
- Schwangerschaftsabbruch
- Sterilisation und Kastration
- Fortpflanzungsmedizin (Präimplantationsdiagnostik)
- Strafbare Werbung
- Ausstellen unrichtiger Gesundheitszeugnisse
- Klinische Arzneimittelprüfung
- Strafbare Verschreibung von

Sind Sie sicher?

Pude
Arbeitssicherheit im Gesundheitswesen

Von Werner Pude.
Ca. 300 Seiten. Kartoniert. Ca. € 38,–
ISBN 3-87081-298-2
(Wirtschaft in der Praxis)
Neu im Oktober 2003

Dieses Buch gibt einen umfassenden Überblick über die jeweiligen Bestimmungen zur Arbeitssicherheit in Krankenhäusern, Pflege- und Altenheimen, Behindertenwohnheimen, Arztpraxen, Apotheken und anderen Bereichen des Gesundheitswesens insbesondere beim Betrieb von Medizinprodukten. Die Aufgabenbeschreibungen zu den jeweiligen Anforderungen sind praxisnah und konkret dargestellt.

Das Werk wendet sich an alle, die für den Arbeitsschutz in Betrieben und Einrichtungen des Gesundheitswesens verantwortlich sind, insbesondere Technische Leiter und Verwaltungen von Krankenhäusern, Aufsichtsbeamte von Behörden.

Für Sicherheitsfachkräfte in Aus- und Fortbildung ist das Buch eine wichtige ausbildungsbegleitende Unterlage: Bei jedem Stoffgebiet sind die Bezüge zum offiziellen Lehrplan der Sicherheitsfachkraft-Ausbildung eingearbeitet.

Economica Verlag
Hüthig GmbH & Co. KG
Im Weiher 10
69121 Heidelberg
Bestell-Tel. 06221/489-555
Fax 06221/489-450